TRILOGIA REGISTROS DA UMBANDA • VOLUME 1
INICIANDO NA UMBANDA

Norberto Peixoto

INICIANDO NA UMBANDA

A PSICOLOGIA DOS ORIXÁS E DOS CRISTAIS

LEGIÃO
PUBLICAÇÕES

6ª edição / Porto Alegre-RS / 2025

Capa e projeto gráfico: Marco Cena
Revisão: Maitê Cena
Coordenação editorial: Maitê Cena
Produção editorial: Bruna Dali e Maiara Morbene
Assessoramento gráfico: André Luis Alt

Dados Internacionais de Catalogação na Publicação (CIP)

P379i   Peixoto, Norberto
Iniciando na Umbanda: a psicologia dos Orixás e dos cristais. / Norberto Peixoto. – 6.ed - Porto Alegre: BesouroBox, 2025.

144 p.; 16 x 23 cm

ISBN: 978-85-5527-046-8

1. Religião. 2. Umbanda . 3. Cristais. I. Título.

CDU 299.6

Bibliotecária responsável Kátia Rosi Possobon CRB10/1782

Direitos de Publicação: © 2025 Edições BesouroBox Ltda.
Copyright © Norberto Peixoto, 2025.

Todos os direitos desta edição reservados a
Edições BesouroBox Ltda.
Rua Brito Peixoto, 224 - CEP: 91030-400
Passo D'Areia - Porto Alegre - RS
Fone: (51) 3337.5620
www.legiaopublicacoes.com.br

Impresso no Brasil
Março de 2025

Este livro contribui com o custeio da comissão de obras do Grupo de Umbanda Triângulo da Fraternidade, que tem reformas a serem feitas.

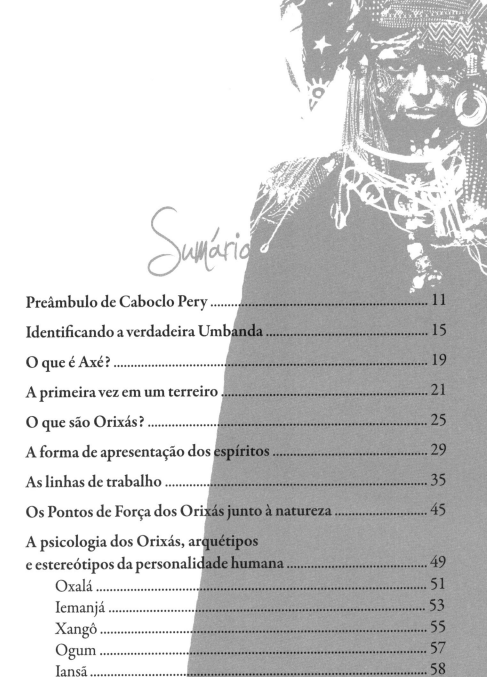

Sumário

Preâmbulo de Caboclo Pery 11

Identificando a verdadeira Umbanda 15

O que é Axé? 19

A primeira vez em um terreiro 21

O que são Orixás? 25

A forma de apresentação dos espíritos 29

As linhas de trabalho 35

Os Pontos de Força dos Orixás junto à natureza 45

A psicologia dos Orixás, arquétipos
e estereótipos da personalidade humana 49
    Oxalá 51
    Iemanjá 53
    Xangô 55
    Ogum 57
    Iansã 58
    Oxum 61
    Oxossi 62
    Nanã 64
    Omulu 66

Os Cristais e os Orixás 69
O que é e quem é Exu na Umbanda? 89
Jogo de Búzios - Merindilogun 95
Os ritos e as liturgias umbandistas 111
    As sessões de caridade 111
    Condições materiais para realização da caridade 114
    Os elementos 116
    Os assentamentos vibratórios 116
    O congá 117
    As firmezas e as tronqueiras 118
    O cruzeiro das almas 120
    As defumações 121
    A curimba, os cantos e toques - a música sacra 123
    Oficina de toques 126
    As ervas e folhas 129
    Os banhos 131
    Os preceitos 134
    As consagrações 135
O culto aos Orixás e Falangeiros 137

E agora?
Mais de 100 anos de Umbanda!

Depois de mais de 100 anos do advento do Caboclo das Sete Encruzilhadas, nada mais natural que a Umbanda, num processo que parte de dentro para fora, cada vez mais se legitime como um corpo doutrinário próprio e um modo de ser que a concilia com as demais vertentes religiosas, porém a identifica como Umbanda, com teologia, métodos litúrgicos e rituais que permitem variações de um terreiro para outro, todavia completamente independentes em relação aos de fora.

Umbanda se legitima por ser Umbanda. Simples assim. Ramatís já orientava neste sentido, em 1960: Não é desairoso nem censurável o fato de a Umbanda ser doutrina apegada aos fenômenos materiais, quando o seu principal metabolismo de vida se baseia justamente sobre as forças da natureza! Sem o arsenal que lhe constitui o culto religioso, não seria Umbanda, mas apenas Espiritismo, cuja atividade é feita mais propriamente no plano mental. (Excertos da página

175 do livro *A missão do Espiritismo*, capítulo sobre a Umbanda, 7ª Edição. Ed. do Conhecimento.)

Caboclo Pery - O Guia-Chefe do Grupo de Umbanda Triângulo da Fraternidade

A entidade espiritual que se apresenta como Caboclo Pery é o Guia-chefe do Grupo de Umbanda Triângulo da Fraternidade e o espírito "dono" da minha cabeça, ou seja, é o meu guia de frente. Sinto-o como um pai verdadeiro, ao qual tenho muito respeito. Inesquecível a cena clarividente, quando estava na escola de médiuns em um centro espírita pertencente à federação do Rio Grande do Sul – o Caboclo, com um pilão à frente, macerava inúmeras folhas, pegava a "papa" resultante com as duas mãos em cunha, colocava-a em minha cabeça e beijava-me na testa.

Foi esse Caboclo que me orientou a fundar a nossa comunidade terreiro. É ele que, no Astral, dirige todos os trabalhos e delibera sobre tudo o que é feito, pois é um espírito enfeixado na irradiação de Xangô. Por isso temos um pilão na frente do nosso congá. Caboclo Pery faz parte de uma falange de trabalhadores na Umbanda que "moram", no Plano Astral, na colônia espiritual conhecida como Metrópole do Grande Coração, onde é localizada a sede da Fraternidade da Cruz e do Triângulo. Nessa imensa urbanização extrafísica universalista, Caboclo Pery coordena uma série de atividades, entre elas a de instrutor, um mestre professor que ensina, literalmente, dando aulas a uma plêiade de alunos que estudam a Umbanda e vão assistir a suas exposições desdobrados, fora do corpo físico.

Este livro, *Iniciando na Umbanda*, inicia e faz parte do projeto de escrevermos e deixarmos para as gerações futuras os registros etnográficos do modo de ser do Grupo de Umbanda Triângulo da Fraternidade. É a primeira "apostila" de estudo; outras virão na sequência. Não é uma obra psicografada no sentido clássico, mas um singelo compêndio coordenado e orientado por Caboclo Pery, que, comigo em desdobramento natural durante o sono físico, me orienta sobre o que devo escrever com o meu punho. Obviamente há a experiência prática aliada ao estudo e à pesquisa contínua, pois o médium tem que estudar sempre; são subsídios indispensáveis ao tipo de mediunidade vigente na atualidade, mais intuitiva e consciente, cada vez menos sonambúlica, fenomênica e inconsciente.

Há que se registrar que tudo acontece dentro de uma gradação previamente planejada. Se não tivesse, há 10 anos, fundado uma comunidade terreiro, vivenciado intensamente todos os percalços de manutenção de um congá sob a égide da Lei de Umbanda em todo este tempo, certamente não teria condição de escrever o que ora me solicita o Plano Espiritual.

Mesmo assim, sem o amparo do lado de lá, nada realizaríamos, pois eles são o rumo e o direcionamento que nos mantêm firmes nos passos a serem dados. Somente assim conseguimos seguir em frente no caminho que se nos apresenta – o programa de vida delineado antes de encarnarmos na presente forma física.

Preâmbulo de Caboclo Pery

Na colônia espiritual que moramos, a Metrópole do Grande Coração, temos intensas atividades. Como responsáveis por um Grupo de Umbanda na Terra, no presente caso o Triângulo da Fraternidade, envolvemo-nos em muitas tarefas. A contraparte espiritual dos trabalhos realizados na comunidade em seus dias de atendimento não reflete 1% do que seja feito no lado de cá.

Todas as movimentações são planejadas minuciosamente. Desde instrumentos, medicamentos, estações socorristas, aparelhagens diversas, roteiros de incursões nas regiões umbralinas, ordens e autorizações de mobilidade, transferências de espíritos etc. – todos os processos que envolvem o intercâmbio e a comunicação com outras colônias espirituais nos exigem todo o tempo disponível. Raramente dormimos. Preferimos os momentos de lazer junto às verdejantes matas astrais, que não consigo transmitir em palavras.

Nossa alimentação é diferente, pois é ingerida pelos poros do corpo perispiritual, e o Sol aqui é fonte viva vitalizadora. O comando maior de nossa metrópole "coloca" os alimentos necessários agregados às moléculas de luz solar. Cada um de nós recebe a quantidade exata e, assim, mantemo-nos sempre alimentados, limpos, ativos e dispostos. Nossos atuais corpos não exsudam restos metabólicos poluentes, não necessitamos cortar as unhas nem os cabelos, muito menos tomar banho higiênico, como vocês fazem no plano físico. Em contrapartida, temos uma parte da colônia que é ocupada por espíritos ainda presos às sensações dos corpos físicos, e estes necessitam de alimentos sólidos, como se fosse comida material.

Em nossa central de operações, temos as informações completas de todas as atividades realizadas pelo Grupo de Umbanda Triângulo da Fraternidade, tanto na parte física como na astral. Temos acesso às fichas cármicas de todos os envolvidos nas lides caritativas realizadas; nem sempre conseguimos atuar a contento. Por vezes, o espírito socorrido não tem merecimento em seus registros pessoais e precisa, ainda, ficar mais um tempo em planos vibratórios afins com o "peso" de seu perispírito, para decantar algumas energias que o impedem de ingressar em esferas mais fraternas.

Aos que chegam a um terreiro umbandista pela primeira vez e mesmo aos assistentes habituais, esse singelo livreto serve como um guia introdutório de estudo, explicando temas básicos de certa complexidade à compreensão comum, facilitando o entendimento do que seja e de como age a Umbanda. Intuímos o médium escrevente para enfatizar na psicologia dos Orixás, esmiuçando a parte comportamental da personalidade humana afim com os arquétipos desses raios divinos. Da mesma forma, os cristais são dádivas do Criador para que o homem possa ser auxiliado na harmonização de seus centros de forças e, consequentemente, tenha seu psiquismo restabelecido. Por isso a ênfase na psicologia dos Orixás e dos cristais.

Cabe-nos concluir dizendo que é muito importante o estudo. Nós, do lado de cá, nunca deixamos de estudar, pois a pedagogia do espírito comprova que o aprendizado também ocorre com o ato de ensinar, ou seja, os que sabem mais ensinam os que sabem menos, e nenhum de nós sabe tudo. Rotineiramente damos aulas aqui para espíritos trabalhadores de Umbanda e seus médiuns desdobrados, que comparecem trazidos pelos seus guardiões individuais.

O presente livreto dá continuidade a uma proposta de registro etnográfico da Umbanda que, em verdade, é a Umbanda de todos nós, pois estamos de mãos dados, fazemos parte de uma mesma moeda que é a espiritualização, para nos tornarmos cada vez melhores e, assim, podermos auxiliar os irmãos cada vez mais.

Que os Sagrados Orixás vos abençoem e que o nosso pilão esteja cada vez mais firme, fazendo de cada grão farinha de um mesmo saco, desbastando arestas, polindo as pedras duras e fazendo os caroços se transformarem em pipocas, diminuindo o ego e fortalecendo o Eu Crístico de cada frequentador de nossa egrégora.

Identificando a verdadeira Umbanda

O título deste capítulo é um paradoxo. Afinal, existe uma falsa Umbanda?

Infelizmente, o fato de um centro ou templo espiritualista ter escrito em sua fachada o nome "Umbanda" não garante nada. Como a Umbanda não tem uma codificação, um livro sagrado, um "papa" ou um poder central que fiscalize as normas de culto, e somos da opinião de que nunca terá, muitas vezes o consulente que busca conforto e orientação num momento de dor pode encontrar salafrários, usurpadores e sacerdotes venais pela frente, dizendo-se de "Umbanda".

É para os que buscam auxílio espiritual pela primeira vez na Umbanda a quem nos dirigimos. Vamos tentar passar algumas dicas para que possam encontrar de fato um templo da Luz Divina, que não são poucos. Lamentavelmente, muitas, também, são as ervas daninhas no campo da sementeira sagrada, que só se parecem, mas de fato não são pertencentes ao Movimento Astralizado de Umbanda.

1) A Umbanda é a "manifestação do espírito para a prática da caridade", como disse o Caboclo das Sete Encruzilhadas, o espírito escolhido e preparado no Plano Astral para fundar e anunciar para os homens a Umbanda no planeta. Portanto, por essa definição, visualizamos o verdadeiro sentido dessa religião: A Umbanda crê num Ser Supremo, o Deus único criador de todas as religiões monoteístas. Os Orixás são emanações da Divindade, como todos os seres criados.

2) O propósito maior dos seres criados é a Evolução, o progresso rumo à Luz Divina. Isso se dá por meio das vidas sucessivas, a Lei da Reencarnação, o caminho do aperfeiçoamento.

3) Existe uma Lei de Justiça Universal que determina, a cada um, colher o fruto de suas ações, conhecida como Lei do Carma.

4) A Umbanda se rege pela Lei da Fraternidade Universal: todos os seres são irmãos por terem a mesma origem, e a cada um devemos fazer o que gostaríamos que a nós fosse feito.

5) A Umbanda possui uma identidade própria e não se confunde com outras religiões ou cultos, embora a todos respeite fraternalmente, partilhando alguns princípios com muitos deles.

6) A Umbanda está a serviço da Lei Divina e só visa ao Bem. Qualquer ação que não respeite o livre-arbítrio das criaturas, que implique malefício ou prejuízo de alguém ou se utilize de magia negativa não é Umbanda.

7) A Umbanda não realiza, em qualquer hipótese, o sacrifício ritualístico de animais nem utiliza quaisquer elementos destes em ritos, oferendas ou trabalhos.

8) A Umbanda não preceitua a colocação de despachos ou oferendas em esquinas urbanas, e sua reverência às forças da natureza implica preservação e respeito a todos os ambientes naturais da Terra.

9) Todo o serviço da Umbanda é de caridade, jamais cobrando ou aceitando retribuição de qualquer espécie por atendimento, consultas ou trabalhos. Quem cobra por serviço espiritual não é umbandista.

Estas diretrizes servem de roteiro para quem almeja entrar em templo umbandista de fato e de direito.

Embora tenhamos variações rituais de um terreiro para outro, os fundamentos da Umbanda são pétreos. Tendas, templos, centros e casas diversas que realmente são de Umbanda são onde verificaremos que existem simplicidade, harmonia, humildade e gratuidade; não há cobrança de nenhum tipo, pois espíritos benfeitores não precisam de dinheiro ou qualquer barganha, agrado, presentes ou favores. Não há matança (corte) de animais, pois sacrificar os irmãos menores, que são filhos de Deus, não é fazer a caridade com Jesus.

Locais que dizem ser de Umbanda, mas não são verdadeiramente, não se fala em Jesus e na caridade, há cobrança pelos trabalhos e sacrifícios de animais, os médiuns tomam bebidas alcoólicas, trabalhos são feitos sem o devido conhecimento das pessoas, há ameaça e medo nos frequentadores, sensualidade, sem hora para começar ou iniciar os ritos, promessas de solução para qualquer problema, entre tantos outros desmandos. Esses locais não podem ser considerados detentores da Essência de Umbanda e devemos alertar para a sua periculosidade espiritual. São de baixo teor vibracional, tendem a ser frequentados por espíritos sem moral (já que semelhante atrai semelhante), que desrespeitam a Lei de Causa e Efeito, o merecimento individual e o livre-arbítrio das criaturas.

Assim, são estes três conceitos básicos que uma genuína egrégora de Umbanda observa e cumpre, além dos elencados até aqui: no universo, tudo está intimamente relacionado com a *Lei de Causa e Efeito*, numa sequência de ações que desencadeiam reações de igual intensidade. Deus é infinitamente justo e bom, e nada ocorre que não seja Seu desígnio. Não existe ocorrência do acaso ou sem uma causa justa. Cada evento ocorre de forma natural, planejada e lógica. Conforme nos orienta Allan Kardec: *Todas as nossas ações são submetidas às leis de Deus; não há nenhuma delas, por mais insignificante que nos pareçam, que não possa ser uma violação dessas leis. Se sofremos as consequências dessa violação, não nos devemos queixar senão de nós mesmos, que nos fazemos assim os artífices de nossa felicidade ou de nossa infelicidade futura.*

Assim, para toda ação existe uma reação, todo efeito e consequência de uma causa geradora. Nenhuma entidade de Umbanda desrespeitará isso e gerará efeitos danosos por seus atos.

O *merecimento individual* tem relação com esforço pessoal e nos acompanha entre as reencarnações sucessivas. Estamos submetidos às mesmas leis naturais ou divinas que estabelecem a colheita livre e a colheita obrigatória; só vamos colher aquilo que merecermos. As leis são iguais para todos, porém, alguns se esforçam mais em obter resultados, e isso se configura em merecimento, direito adquirido. Nenhum espírito da Umbanda contrariará o merecimento seja de quem for, trazendo facilidades para quem não se esforça e/ou fazendo "milagres" por uma simples troca, paga ou barganha.

Todos nós temos livre-arbítrio, liberdade de pensar e agir, desde que tenhamos a vontade de fazê-lo. O livre-arbítrio não significa que possamos fazer tudo, doa a quem doer; o meu direito vai até onde inicia o direito do outro. Nenhum mentor da Umbanda fará qualquer ato que contrarie o livre-arbítrio individual ou de terceiros com base na solicitação de um indivíduo que, por sua vez, exercita o seu livre-arbítrio.

A submissão à Lei de Causa e Efeito, o respeito ao merecimento e a preservação incondicional do livre-arbítrio de cada cidadão são as bases a que a Umbanda se alicerça para praticar a sua magia, fazer a caridade.

Umbanda é paz, Umbanda é amor!

O que é Axé?

O termo axé dentro da Umbanda é bastante utilizado. Podemos afirmar que axé é o princípio vital que anima tudo no Universo. Ele se movimenta em todas as direções e planos da criação, é o fluido cósmico universal. Sem axé, nada existiria, pois, por meio dele, tudo se interliga e se harmoniza.

O axé circula, permite o nascimento, o crescimentos das plantas, o surgimento das frutas, dos alimentos, da água, do ar, do Sol e da Lua... Energia é um tipo de axé condensado. Tudo no Cosmo é fluido condensado, em variados níveis de condensação, permitindo a forma em diversas dimensões diferentes, desde os planos mais densos até os mais rarefeitos, que não conseguimos sentir e perceber com nossas percepções ordinárias.

Na Umbanda, temos os condensadores energéticos, que são elementos utilizados como liberadores de axé. As folhas, os diversos tipos de água, as frutas, os cristais, as flores e as ervas, são todos catalisadores de axé, que, adequadamente manejados, servem como liberadores para a força magística de um terreiro.

A sustentação do axé de um templo religioso umbandista acontece por meio da mediunidade, dos espíritos mentores e dos guias que vibram em seus médiuns e, por seus centros nervosos, que destilam abundante axé animal (ectoplasma), realizam, assim, as tarefas caritativas necessárias. Esse é o principal mecanismo de movimento de axé de um terreiro de Umbanda, e os demais são variações de métodos rituais e litúrgicos, independentemente de condensadores energéticos (liberadores de axé) que são utilizados.

A primeira vez em um terreiro

Um terreiro de Umbanda é um conjunto arquitetônico, material, onde ocorre a ligação mediúnica entre as entidades espirituais, os mentores e os guias, com os médiuns. É conhecido por vários nomes: templo religioso, espaço sagrado, abassá, canzuá, casa de santo, comunidade de axé etc. Essencialmente, um terreiro de Umbanda é o local onde são ritualizados o encontro entre o sagrado e o profano, em que métodos indutores dos estados de consciência são ativamente utilizados, objetivando a incorporação de espíritos benfeitores nos médiuns, afim de, junto com eles, realizar a caridade.

Existe uma hierarquia constituída que varia de terreiro para terreiro, que organiza e disciplina todos os procedimentos. Para se chegar até o cargo de chefe de terreiro ou sacerdote de Umbanda, que aglutina várias funções ao mesmo tempo, além de comprovada capacidade mediúnica, são necessários anos de prática aliados a muito estudo e ampla capacidade psicológica para gestão de conflitos.

Muitos que chegam pela primeira vez num terreiro de Umbanda – talvez a maioria – não venham nos momentos que estão felizes e sem nenhuma preocupação na vida. As pessoas vêm procurando auxílio do mundo dos espíritos, de algo sobrenatural, ainda em decorrência de um forte apelo carismático, de mistério e magia que está impregnado na alma do brasileiro, com expectativas de intervenções favoráveis em suas vidas, que possam minimizar e, de preferência, resolver rapidamente seus problemas existenciais mais imediatos, que, por sua vez, as motivam a ir de encontro ao mediunismo de terreiro.

Se fôssemos fazer uma breve casuística do perfil da motivação dos consulentes que batem às portas dos centros, sem medo de errar, poderíamos elencar as seguintes queixas, por ordem e frequência de ocorrência: saúde abalada, dificuldades financeiras, conflitos familiares e interpessoais, desequilíbrio emocional e psicológico, psicopatias diversas – depressão, fobia, ansiedade, bipolaridade, déficit de atenção, esquizofrenia, transtorno de personalidade – busca de parceiro(a) amoroso(a), resolução de problemas diversos com uso de magia, mediunidade reprimida e não educada etc.

Obviamente, em geral, as pessoas não têm claro o real incômodo que as está "perturbando"; raramente sabem que são médiuns. É difícil aceitarem de imediato que podem ser medianeiros comprometidos com a egrégora de Umbanda, antes da atual encarnação. Diante desse pequeno quadro que descrevemos, acrescentem-se as obsessões espirituais diversas, os vícios sociais, comportamentais e químicos, como alcoolismo e drogas, e teremos um vastíssimo campo de estudo e trabalho.

Após um período de tempo frequentando o terreiro, conseguiu o frequentador se equilibrar diante daquilo que o motivou a buscar a Umbanda, e ele geralmente deixa de frequentá-la, retornando de tempo em tempo, sempre que a coisa aperta. Existe uma população flutuante, não regular, que aparece ainda somente nas datas festivas da religião ou em vésperas de eventos importantes, como a dos feriados religiosos, datas de louvação aos Orixás e Falangeiros.

A Umbanda não é pros-elitista, não exige conversão à sua causa e aceita democraticamente que seus frequentadores procurem outros cultos e doutrinas, até, de certa forma, incentivando isso, pois é comum escutarmos das Entidades a orientação no sentido que cada um deva continuar frequentando a religião mais afim com sua fé. Em verdade, a força da Umbanda está em conseguir dialogar com todos, indistintamente, aprendendo com os que sabem mais e ensinando os que sabem menos; nunca excluindo, sempre incluindo. Cada agremiação, comunidade, terreiro ou centro, independentemente do nome, adapta-se à coletividade em seu entorno, sendo uma unidade livre e autônoma, assim conseguindo grande penetração social, mesmo que de forma "subterrânea", pois muitos não se declaram umbandistas, o que entendemos por simpatizantes que pontualmente comparecem aos terreiros.

Todavia, existe uma parcela – diminuta, é verdade – que se fixa às comunidades umbandistas e acaba se convertendo "oficialmente" à religião. Nessa pequena população, ainda há uma fração que se inicia na religião, sendo aceita nas comunidades terreiro. São os médiuns novos, em desenvolvimento, que frequentaram um tempo a assistência e tiveram orientação espiritual do Guia-Chefe da agremiação para que iniciassem o processo de educação de suas mediunidades.

Esta obra destina-se a todos que chegam pela primeira vez num terreiro de Umbanda e almejam entender melhor a Senhora da Luz Velada, especialmente aos que se fixam na assistência e anseiam por uma "cartilha" ou "manual" de estudo, auxiliando-os ao entendimento de alguns aspectos básicos do mediunismo de terreiro, enquanto esperam para serem "batizados" numa corrente e iniciarem, de fato, seus desenvolvimentos mediúnicos.

É natural durante o período de espera na assistência, em que o futuro médium já incorpora e "recebe" algumas entidades, na ocasião dos passes e nos aconselhamentos espirituais dentro do Espaço

Sagrado, haver muitas dúvidas e, em determinados momentos, um nível alto de insegurança e vontade de não continuar, de desistir. Sem querer impor uma verdade ou "codificação", pretendemos minimizar, neste livro, as dúvidas e propiciar maior nível de confiança a todos aqueles que se propõem a ser, de fato, umbandistas.

Iniciando na Umbanda não ensina magias ou mistérios, mas simplesmente enfatiza os aspectos psicológicos contidos na Umbanda. Independentemente da forma ritual com que cada casa se organiza, uma essência única mantenedora vitaliza os adeptos umbandistas, fazendo-nos gradativamente seres humanos melhores, espíritos mais felizes e cidadãos do Cosmo mais preparados.

O que são Orixás?

Etimologicamente, a palavra Orixá significa "a divindade que habita a cabeça" – ORI é cabeça, XÁ é rei. O termo Orixá faz parte da cosmogonia nagô irorubana, uma das diversas etnias africanas trazidas para o Brasil. Nos antigos Vedas, já aparece o termo Purushá, como essência associada à cosmogonia universal. Nos textos sagrados do hinduísmo – Upanishads – é o ser supremo, o eterno, e contempla nosso próprio ser, de que é profundo conhecedor, a testemunha, a consciência pura, isolada dos sentidos em suas relações com a matéria. No esoterismo de Umbanda, faz-se a associação de Orixá como uma corruptela de Purushá, significando "Luz do Senhor" ou "Mensageiro do Senhor" e tendo relação com a cabeça – Ori – de cada um de nós, pois nossa centelha ou mônada espiritual é igualmente chispa de luz do Criador Universal.

Podemos afirmar que os Orixás são aspectos vibracionais diferenciados da Divindade Maior – Deus. Assim o são porque cada um dos Orixás tem peculiaridades e correspondências próprias ao se rebaixarem e se fazerem "materializados" na Terra: cor, som, mineral, planeta regente, elemento, signo zodiacal, essências, ervas, entre outras afinidades astro-magnéticas. Em verdade, em sua essência primeva, são altas irradiações cósmicas indiferenciadas, antes do rebaixamento vibratório até o plano em que vive a humanidade, propiciando a expressão da vida em todo o planeta.

Assim como é em cima, é em baixo. O ser humano é um microcosmo reflexo do macrocosmo. Não por acaso, o organismo físico em funcionamento contém todos os elementos planetários: ar, terra, fogo e água. Todos nós temos, a cada encarnação, a influência mais intensa de um determinado Orixá, que podemos chamar de "Pai de Cabeça". Essa força cósmica, que é regente de frente, é conhecida como Eledá, responsável por nossas características físicas e psicológicas, de modo que reflitamos os arquétipos ou as características comportamentais peculiares ao Orixá que nos rege. Os demais Orixás que nos influenciam são conhecidos como Adjuntós ou Juntós – adjuntos – e têm especificidades conforme a ordem de influenciação, da maior para a menor, em segunda, terceira, quarta e quinta estância, ou atrás e na lateral esquerda e direita da cabeça, compondo o que denominamos, na Umbanda, coroa mediúnica do médium.

Atuam ainda na coroa do médium de Umbanda os espíritos Guias e as Entidades, que têm compromisso com a tarefa mediúnica, abraçada juntamente no Plano Astral antes da reencarnação do médium. Os espíritos na Umbanda trabalham enfeixados por linha vibratória, que, por sua vez, se organizam por Orixá, tema que aprofundaremos no próximo capítulo.

Na Umbanda, de maneira geral, não consideramos os Orixás espíritos individualizados em evolução. Embora nossas irmãs das religiões afro-brasileiras entendam, majoritariamente, os Orixás como ancestrais divinizados, ou seja, espíritos que já encarnaram no passado e foram heróis em suas comunidades e nações, incorporando-os numa linha de ancestralidade remota. Na concepção teológica ritolitúrgico que predomina na Umbanda, os Orixás são energias criativas divinas de alta voltagem sideral, impossíveis de serem expressas e incorporadas pelo mediunismo de terreiro. Quem se manifesta pela mecânica de incorporação são os espíritos falangeiros dos Orixás, que trabalham agrupados por linha, que, por sua vez, estão agrupadas pela irradiação de cada Orixá.

Em contrapartida, em casos específicos, é possível incorporar a forma-pensamento de um Orixá, a qual é plasmada e mantida pelas mentes dos encarnados. Certa feita, durante uma sessão de preto(a) velho(a), eu estava na abertura dos trabalhos, na hora da defumação. O congá "repentinamente" ficou vibrado com a Orixá Nanã, que é considerada a mãe maior dos Orixás e o seu axé (força) é um dos sustentadores da egrégora da Casa desde a sua fundação, formando par com Oxossi. Faltavam poucos dias para o amaci (ritual de lavagem da cabeça com ervas maceradas), que tem por finalidade fortalecer a ligação dos médiuns com os Orixás regentes e guias espirituais. Pedi um ponto cantado de Nanã Buruquê, antes dos cânticos habituais. Fiquei envolvido com uma energia lenta, mas firme. Fui transportado mentalmente para a beira de um lago lindíssimo e a Orixá Nanã me "ocupou", como se entrasse em meu corpo astral ou se interpenetrasse com ele, havendo uma incorporação total. Vou explicar com sinceridade e sem nenhuma comparação, como tanto vemos por aí, como se a manifestação de um ou outro (dos espíritos na Umbanda versus dos Orixás em outros cultos) fosse mais ou menos superior, conforme o pertencimento de quem os compara a uma ou outra religião. A "entidade" parecia um "robô', um autômato sem pensamento contínuo, levado pelo som e pelos gestos. Sem dúvida, houve uma intensa movimentação de energia benfeitora, mas, durante a manifestação do Orixá, minha cabeça ficou mentalmente vazia, como se nenhuma outra mente ocupasse o corpo energético do Orixá que dançava, o que acabei sabendo depois tratar-se de uma forma-pensamento plasmada e mantida "viva" pelas mentes dos encarnados.

No dia a dia dos terreiros, não é incomum nos referirmos aos enviados dos Orixás como o próprio Orixá. Então, um caboclo de Ogum, Oxossi ou Xangô é chamado respectivamente de Ogum, Oxossi ou Xangô.

Os Orixás cultuados no Grupo de Umbanda Triângulo da Fraternidade, na qual o autor é dirigente e fundador, que abrigam os espíritos ancestrais que se "acomodam" em linhas de trabalho, são os seguintes: Oxalá, Iemanjá, Xangô, Ogum, Iansã, Oxum, Oxossi, Nanã e Omulu. Esses Orixás formam a coroa de Irradiação do Terreiro, disposta na forma de assentamentos vibratórios dentro do Espaço Sagrado, visível a todos e democratizados para o uso comum de toda a comunidade.

Temos, ainda, os Orixás individuais de cada médium, que compõem a coroa mediúnica pessoal, isto é, o Eledá e os Adjuntós. Podemos dizer que, associados ao Ori – cabeça – de cada medianeiro, se aglutinam os Guias e Guardiões espirituais, espíritos que são consciência, têm inteligência e compromisso de trabalho com o médium, que se farão manifestar por meio da mecânica de incorporação, irradiação intuitiva, inspiração, vidência, audiência e demais "dons" mediúnicos, nas tarefas caritativas que foram previamente combinadas no Plano Astral antes do reencarne do médium.

No Grupo de Umbanda Triângulo da Fraternidade, o "diagnóstico" e o "levantamento" da coroa mediúnica individual são realizados com a prática mediúnica no terreiro associada ao Jogo de Búzios – Merindilogun. Para tanto, são necessários, em média, para efetivar a bom termo esta "leitura", de cinco a sete anos de pertença legitimada pela vivência interna templária, participando ativamente dos ritos estabelecidos em conformidade com o calendário litúrgico da comunidade religiosa.

A forma de apresentação dos espíritos

Caboclos

Os caboclos, de maneira geral, são espíritos que se apresentam na forma de índios brasileiros, sul ou norte-americanos, que dispõem de conhecimento milenar do uso de ervas para banhos de limpeza e chás para auxílio à cura das doenças. Nem sempre são só curadores, pois também servem na irradiação de Ogum como valentes guerreiros. São entidades simples, diretas, por vezes altivas, como velhos índios guerreiros. Com sua simplicidade, conquistam os corações humanos e passam confiança e credibilidade aos que procuram amparo. São exímios nas limpezas das carregadas auras humanas e experientes nas desobsessões e nos embates com o astral inferior.

Pretos Velhos

Os pretos velhos, tanto espíritos de idosos africanos escravizados e trazidos para o Brasil como de negros que nasceram em solo pátria, são símbolos de sabedoria e humildade, verdadeiros psicólogos do profundo conhecimento dos sofrimentos e das aflições humanas. A todos, esses espíritos missionários consolam amorosamente, como faziam antigamente, inclusive nas senzalas após longo dia de incansável trabalho físico.

A infinita paciência em ouvir as mazelas e choramingas dos consulentes fazem dos pretos velhos as entidades mais procuradas nos terreiros. Assim como os caboclos, eles usam ervas em suas mandingas e mirongas. Suas rezas e invocações são poderosas. Com suas cachimbadas e fala matreira, espargem fumaça sobre a pessoa que está recebendo o passe e higienizam as auras das larvas astrais e energias negativas. Com seus rosários e seu grande amor, são notáveis evangelizadores de Cristo, e com muita "facilidade" doutrinam os obsessores que acompanham os consulentes.

Demonstram que não é o conhecimento intelectual ou a forma racial que vale no atendimento caridoso, mas a manifestação amorosa e sábia, de acordo com a capacidade de entendimento de cada filho de fé que os procuram.

Crianças

As crianças nos trazem alegria e o poder da honestidade, da pureza infantil. Aparentemente frágeis, têm muita força na magia e atuam em qualquer tipo de trabalho. Essa vibratória serve, também, para elevar a autoestima do corpo mediúnico, após atendimentos em que foram transmutados muita tristeza, mágoa e sofrimento. É muito bom ir para casa depois de uma sessão "puxada" no terreiro, impregnados da alegria inocente das crianças.

Africanos

Muitas entidades se apresentam como africanas na Umbanda. São falangeiros de Ogum, Xangô, Oxossi e dos demais Orixás, que, juntamente com os caboclos, atuam na egrégora dos terreiros para fazer a caridade. É preciso dizer que a forma de apresentação dos espíritos não altera fundamento, pois, infelizmente, ainda é grande, mesmo por dentro da Umbanda, o preconceito com tudo o que remete à África. Inclusive, em determinada época de nossa história, houve a tentativa de "desafricanizar" a Umbanda, que falhou e, atualmente, está cada vez mais enfraquecida.

Neste contexto, certa vez, tive uma experiência marcante com os falangeiros dos Orixás, notadamente com o do Orixá Nanã. Antes de fazermos o primeiro rito interno de firmeza do congá, reunindo todos os demais médiuns, tínhamos acabado de realizar, com auxílio somente de mais três médiuns, a consagração da tronqueira de Exu – campo de força de proteção onde se apoiam do Astral as entidades guardiãs do terreiro –, ao chegar à minha residência, caí imediatamente em transe profundo, inconsciente no corpo físico, mas consciente em desdobramento astral. Vi-me em Corpo Astral num barracão enorme de madeira. Tinha uma pequena cerca que separava o terreiro propriamente dito da assistência e de um outro espaço onde ficava a curimba – atabaques. O local onde as pessoas ficavam tinha vários bancos feitos de tábuas e, atrás, uma espécie de arquibancada de três a quatro lances. Eu estava em pé no meio do terreiro, de chão batido, quando se abre uma porta na frente e começa a entrar um séquito de espíritos africanos paramentados como Orixás, todos nagôs, com suas vestimentas típicas, cores e adornos peculiares. Eles vieram ao meu encontro dançando, um a um, e formaram uma roda a minha volta. Por último, entra Nanã, impecável em sua vestimenta ritual azul-claro, feita tipo uma seda bordada em detalhes roxos, ficando sentada aos fundos numa caldeira de encosto alto com o seu ibiri – instrumento ritual – na mão. Ficou evidente a ascendência de Nanã sobre os demais Orixás – espíritos presentes. Houve uma comunicação em pensamento na minha tela mental, sobre meu compromisso com a forma africana de culto e louvação aos Orixás na Umbanda, em conformidade com sérios compromissos ancestrais, confirmado pelo encontro astral: Nanã, sentada no espaldar alto, de semblante austero e suave, sendo saldada pelos demais Orixás. Em reverência respeitosa, a saudei. Voltei do transe sonambúlico, "acordando" no corpo físico com a convicção de que Nanã foi a "fundação" do terreiro, como se esse Orixá fosse – e é – os alicerces e as fundações da comunidade umbandista, uma casa de caridade construída, e Oxossi, o regente do congá, fosse o telhado e as paredes.

Agradecemos ao Criador pela assistência dos espíritos que se apresentam na forma africana. Assim, vamos gradativamente resgatando nosso passado ancestral e nos reequilibrando diante das Leis Divinas.

Orientais

Os orientais se apresentam como hindus, árabes, marroquinos, persas, etíopes, chineses, egípcios e tibetanos, e nos trazem conhecimentos milenares. São espíritos que encarnaram entre esses povos e que ensinam ciências "ocultas", cirurgias astrais, projeções da consciência, cromoterapia, magnetismo, entre outras práticas para a caridade que não conseguimos ainda transmitir em palavras. Por sua alta frequência vibratória, criam poderosos campos de forças para a destruição de templos de feitiçaria e de magias negativas do passado, libertando os espíritos encarnados e desencarnados. Incentivam-nos no caminho da evolução espiritual, por meio do estudo e da meditação; conduzem-nos a encontrar o Cristo interno, por meio do conhecimento das Leis Divinas aplicadas em nossas atitudes e ações; atuam com intensidade no mental de cada criatura, fortalecendo o discernimento e a consciência crística.

Ciganos

Os ciganos são espíritos ricos em histórias e lendas. Foram nômades em séculos passados, pertencentes a várias etnias. Em grande parte, são do antigo oriente. Erroneamente são confundidos com cartomantes ociosas de praças públicas que, por qualquer vintém, leem as vidas passadas. São entidades festeiras, amantes da liberdade de expressão, excelentes curadores, trabalham com fogo e minerais. Cultuam a natureza e apresentam completo desapego às coisas materiais. São alegres, fiéis e ótimos orientadores nas questões afetivas e dos relacionamentos humanos. Utilizam comumente nas suas magias moedas, fitas, pedras, perfumes e outros elementos para a caridade, de acordo com certas datas e dias especiais sob a regência das fases da Lua.

Outras formas de apresentação dos espíritos

Quantos às demais formas de apresentação das Entidades na Umbanda, entendemos que fazem parte da diversidade regional desse enorme país, estando de acordo com os agrupamentos terrenos. Por exemplo: os boiadeiros pertencem a uma falange de espíritos que estão ligados à economia fortemente baseada na agropecuária; os marinheiros se manifestam mais intensamente nas regiões litorâneas que dispõem de portos, como o Rio de Janeiro; os baianos, no Sudeste, com ênfase para o estado de São Paulo, onde sempre foi intensa a migração de nordestinos. Isso ocorre porque a Umbanda é um movimento religioso mediúnico de inclusão e, como tal, propicia a manifestação de todas as formas e raças espirituais, segundo o compromisso cármico, assumido entre encarnados e desencarnados.

As linhas de trabalho

Não devemos confundir as linhas de trabalho com os Orixás. Um mesmo Orixá pode ter sob sua irradiação mais de uma linha vibratória de trabalho. Até hoje, desde o surgimento da Umbanda, em 1908, não se chegou a um consenso de quais sejam as linhas. Muito se fala em sete linhas de Umbanda, mas somos da opinião de que são mais que isso. Observemos que, ao longo do tempo, não somente a compreensão do que sejam as linhas como também sua quantidade se alteram, pelo fato de a Umbanda ser uma religião de inclusão. Nada é rígido na espiritualidade e não podemos conceber o movimento astral da Umbanda, altamente dinâmico, como algo engessado símile a um quartel com organograma fixo.

  O exemplo clássico disso que estamos afirmando é a Linha dos Baianos e dos Malandros, que foram introduzidas pari passu com o crescimento da Umbanda no meio urbano das grandes cidades do centro do país, como São Paulo e Rio de Janeiro. É uma característica regional que ganhou espaço no imaginário umbandista e, consequentemente, na sua contraparte espiritual, abrigando muitas entidades afins, assim como os Boiadeiros nas regiões Centro, Oeste e Norte, ou os cangaceiros, mais para o Nordeste. Da mesma forma, a Linha dos Marinheiros, que se consolidou nas grandes cidades litorâneas, nada mais natural pelo tamanho da costa marítima que temos e da importância que os portos e o comércio aduaneiro tiveram na história recente do crescimento econômico brasileiro.

A Umbanda por ser uma religião de inclusão, adapta-se às diversas regiões geográficas do país, aproximando-se melhor das consciências que moram nesses locais, e, a partir daí, faz a caridade, numa linguagem adaptada à compreensão do senso comum vigente.

Após essas conceituações, vamos elencar as principais linhas de trabalho:

Linha de Oxalá

Talvez seja a linha de vibração mais sutil e que se condensa em todas as demais. Em nossa opinião, as entidades do oriente fazem parte dela, que também pode ser considerada uma linha de trabalho independente, que abriga as entidades ancestrais de antigas tradições curadoras e são exímios na área de saúde e no esclarecimento de pontos de doutrina.

Linha das Águas ou Povo D'água

Atua, sobretudo, na irradiação de Iemanjá e Oxum, representando o poder feminino da gestação e da maternidade. Relaciona-se aos pontos de forças da natureza das águas doces e salgadas; suas manifestações são suaves e são representadas pelas caboclas. Tem influência sobre o emocional, apaziguando os ânimos, levando embora as tristezas, reequilibrando os chacras e trazendo calma e tranquilidade.

Linha de Xangô

São os caboclos que atuam com as forças energéticas das pedreiras, das montanhas e das cachoeiras. São os Senhores da Lei, da justiça, guardiões do carma (lei de ação e reação), procuradores dos tribunais divinos.

Linha de Ogum

O Orixá Ogum rege os caboclos que atuam na sua vibratória. Aqui cabe relembrar que a forma de apresentação espiritual de caboclo prepondera, mas não é a única. Muitas entidades se apresentam como africanas ou indochinesas, até antigos samurais, enfeixados na irradiação de Ogum. São os vencedores que combatem as demandas, os guerreiros místicos, os mediadores das lutas nos choques cármicos, enérgicos, ativos, vibrantes e decididos.

Linha de Oxossi

Esta vibratória significa ação envolvente e nela Jesus pregava usando a oralidade. São os grandes comunicadores da Umbanda, ou seja, os pescadores de almas, caçadores que acertam na doutrina esclarecendo as consciências como flechas certeiras. São exímios aconselhadores invocando as forças da espiritualidade e da natureza, sobretudo das matas. Esta linha é famosa por ser a linha da maioria dos caboclos. Especialmente as matas têm a ação de Oxossi que, no processo de "umbandização" dos Orixás, absorveu os atributos de Ossain, originalmente o Orixá das folhas, regente da seiva vegetal ou axé verde. Assim, na Umbanda, é Oxossi o conhecedor das ervas e também o grande curador.

Linha das Crianças ou Ibejis – Erês

Cremos que esta é a linha vibratória mais sutil da Umbanda. Espíritos que se apresentam como crianças chamam-nos a atenção quanto à pureza da alma, necessária para a libertação deste ciclo de reencarnações sucessivas. Não por acaso, Jesus dizia "vinde a mim as criancinhas", ou seja, o estado de consciência crística é semelhante à "pureza" e à inocência dos pequeninos. As crianças da Umbanda "quebram" a nossa rigidez, fazem cair nossas máscaras e couraças do ego que disfarçam realmente quem somos. Ensinam-nos a sermos menos sisudos e a importância da alegria, do lúdico e da leveza na existência humana, indispensáveis para que não deixemos morrer nossa criança interna.

Certa vez, disse-nos um preto velho que, onde uma criança pisa, não tem feitiço que resista e obsessor que não se amanse. É a mais pura verdade, pois é exatamente isso o que ocorre quando as crianças "descem" em seus médiuns. Essas entidades utilizam-se muito pouco de elementos materiais e, por vezes, de doces e guaranás, que são imantados com suas vibrações e servem como catalisadores das energias curativas – e cada um recebe proporcionalmente à sua necessidade individual.

Linha das Santas Almas do Cruzeiro Divino

São os nossos amados pretos velhos, bentos e bentas, que vêm por meio de suas mandingas e mirongas para nos trazer conforto, consolo e orientação. Com suas atitudes humildes, incentivam-nos ao perdão e a sermos mais perseverantes e menos sentenciosos perante a vida. São exímios benzedores, curando os mais diversos tipos de enfermidades. Com suas rezas, poderosas imprecações magísticas, movimentam os fluidos mórbidos que são desintegrados pela força de "encantamento" de suas palavras. Esta é uma linha cultuada no Grupo de Umbanda Triângulo da Fraternidade.

Linha dos Ciganos

Os ciganos na Umbanda trabalham, sobretudo, pela nossa liberdade, fazendo-nos conectar com a fonte cósmica de abundância universal. Temos muita dificuldade, pelas doutrinas castradoras que confundem pobreza de espírito com miséria material, de exercitarmos e nos concedermos o direito de auferirmos prosperidade em nossas vidas.

Há que se esclarecer que a Magia do Povo Cigano, ou Magia Cigana, como popularmente são conhecidas, quase nada tem a ver com as Entidades de Umbanda que se manifestam nesta linha de trabalho. Os espíritos atuantes na religião nesta linha trabalham sob o domínio da Lei Divina e dos Orixás, conhecem magia como ninguém, mas não vendem soluções mágicas ou adivinhações. São exímios curadores e trabalham com a energia dos cristais e a cromoterapia.

A Linha dos Ciganos nos traz axé – força – para abundância, fartura espiritual e prosperidade em nossas vidas.

NOTA DO AUTOR SOBRE O POVO CIGANO: É preciso falar um pouco da origem dos ciganos para entender seu trabalho e por que ele é realizado na Umbanda. Primeiramente, temos de desmistificar a imagem do andarilho cigano, malandro, ladrão, sequestrador de criancinhas, falastrão, desonesto. Isso foi fruto do preconceito diante dessa etnia livre e alegre, sobretudo pelo fato de a crença deles não ser católica, religião dominante, confundida com os estados monárquicos por muito tempo. Os ciganos chegaram ao Brasil oficialmente em 1574. Existiam disposições régias proibindo-os de entrar em Portugal. Em 15 de julho de 1686, Dom Pedro II, rei de Portugal, em conluio com o clero sacerdotal da Igreja, determinou que os ciganos de Castela fossem exterminados e que seus filhos e netos (ciganos portugueses) tivessem domicílio certo ou fossem enviados para o Brasil, mais especificamente para o Maranhão. Dom João V, rei de Portugal, decretou a expulsão das mulheres ciganas para as terras do pau-brasil. Por anos a fio, promulgaram-se dezenas de leis, decretos e alvarás exilando os ciganos para os estados de Maranhão, Recife, Bahia e Rio de Janeiro, onde se encontravam os núcleos populacionais mais importantes da colônia portuguesa. Esse mesmo rei, Dom João V, proibiu os ciganos de falar o romani, uma de suas línguas. Afirma-se que as mais importantes contribuições dos ciganos para o progresso e a prosperidade de nosso país são negligenciadas até hoje pelos historiadores e pelos livros escolares. Eles foram coparticipantes da integração e da expansão territorial brasileira. Ouso afirmar, ainda, que, se não fossem os ciganos, as comunidades de antigamente, pequenos centros habitacionais e vilarejos teriam progredido muito mais lentamente. Os portugueses e africanos que vieram para cá não eram nômades. Os lusitanos procuravam fixar-se em terras além-mar, e os africanos fixavam-se a estes últimos como escravos. Então, de norte a sul, de leste a oeste, em todos os lugares, lá estavam os ciganos, livres, viajando em suas carroças, negociando animais, arreios, consertando engenhos, alambiques, soldando tachos, levando notícias, medicamentos, emplastros e também dançando, festejando e participando de atividades circenses. Alegres, prudentes, místicos, magos e excelentes negociantes, quando chegavam aos vilarejos conservadores, era comum senhoras se benzerem com os rosários em mãos, esconderem as crianças nos armários, pois chegavam os ciganos com suas crenças pagãs. Assim como os espíritos de negros e índios foram abrigados na Umbanda, por falta de espaço para suas manifestações nas lides espíritas, todas as raças encontraram no mediunismo umbandista a liberdade de expressão. Os fatores mais importantes que permanecem em um povo, desde a mais remota antiguidade, são de consistência espiritual, com manifestação nos sentimentos e no modo de ser mais íntimo, oriundos de comportamentos típicos, frutos da memória coletiva, ou seja, de uma herança ancestral.

Linha dos Marinheiros

A Linha dos Marinheiros está ligada ao mar e às descargas energéticas. A descarga de um terreiro deve ser feita sempre ao final dos trabalhos caritativos. Há que se considerar que nem todas as casas de Umbanda têm aconselhamentos públicos com esta vibratória, o que é normal em nossa diversidade. Os marinheiros, adestrados psicólogos, conhecem profundamente a hipocrisia humana. Espíritos calejados viajaram e conheceram muitos países ao redor do mundo, são ecléticos e versáteis, nos ensinando-nos a ter mais jogo de cintura, simbolicamente educam a ficarmos em pé mesmo com o sacolejo do navio, que nos balança, mas não nos derruba.

São exímios destruidores de feitiços, cortam ou anulam todo "embaraço" que possa estar dentro de um templo ou, ainda, próximo aos seus médiuns trabalhadores. Infelizmente, muitos interpretam mal esta linha ou, o que é pior, são mistificados por espíritos beberrões que comparecem nos trabalhos para se embriagar, sorvendo os eflúvios etílicos de seus médiuns. Muitas casas deixam correr livres as bebidas alcoólicas, o que não tem nenhuma ligação com a genuína Umbanda; beber mediunizado, fato gerado por incúria de dirigentes e médiuns despreparados.

O espírito-chefe da falange dos marinheiros que nos orienta foi um marujo português que veio para o Brasil no início da colonização; disse chamar-se Zé Luzeiro. Sua tarefa era guiar as embarcações que chegavam à Baía de Guanabara com mantimentos de Portugal até a costa, de forma segura. Por vezes, isso se dava à noite e, pela iminência de tempestade, entrava com seu pequeno barco e um candeeiro de óleo de baleia içado na proa (daí ser conhecido como Zé Luzeiro). Disse-nos que, assim como guiava as embarcações até um local seguro e evitava que elas encalhassem, nos ajudaria a conduzir as almas perdidas na crosta para o porto seguro do mundo espiritual.

Zé Luzeiro coordena a falange de marinheiros para fortalecer as descargas energéticas que ocorrem ao final de cada sessão, auxiliando a condução, para o mundo dos espíritos, de irmãos sofredores desencarnados que estavam "grudados" nos consulentes. Não podendo ficar na contrapartida astral do terreiro em atendimento, são conduzidos pelos marinheiros para outro local vibratório mais indicado para eles, no plano espiritual.

Terminando estas breves elucidações sobre a linha dos marinheiros, segue as palavras do próprio Zé Luzeiro: *Dia chegará em que teremos memória integral e, sem o esquecimento transitório que nos faz suportar o retorno de nossos atos passados, conseguiremos mais saldo positivo que negativo na balança existencial. Hoje sou só Zé Luzeiro, um marinheiro ao dispor dos Orixás, a mando de nossa Mãe Iemanjá. Amanhã só quem sabe é Olurum. O certo é que continuarei sendo um espírito entre idas e vindas do meu barquinho, nas marolas do mar revolto da vida imortal, numa onda brava encarnado, noutra mais calma desencarnado.*

Linha dos Boiadeiros

Essas entidades trabalham de forma muito parecida com os caboclos Capangueiros de Jurema; são aguerridos, valentes, representam a natureza desbravadora, romântica, simples e persistente do homem do sertão, o "caboclo sertanejo". São os vaqueiros, boiadeiros, laçadores, peões e tocadores de viola; o mestiço brasileiro, filho de branco com índio, índio com negro etc. Também são "semelhantes" aos pretos velhos, pois representam a humildade, a força de vontade, a liberdade e a determinação que existe no homem do campo sua necessidade de conviver com a natureza e os animais, sempre de maneira simples, mas com força e fé muito grandes.

Podem ser regidos tanto por Oxossi quanto por Iansã, pois eles têm muita autoridade de conduzir os espíritos sofredores – seus laços de laçar são campos de força de retenção no astral – da mesma forma que conduziam as boiadas no campo quando encarnados.

Linha dos Malandros

A Umbanda, sendo uma religião de inclusão, dá abertura a todos para virem fazer a caridade. Os espíritos da Linha dos Malandros são oriundos dos grandes centros urbanos, notadamente o Rio de Janeiro. São cordiais, alegres, foram músicos, compositores, poetas, escritores, boêmios, dançam gingado quando incorporam, apresentam-se usando chapéus ao estilo Panamá e sua tradicional vestimenta é calça branca, sapato branco (ou branco e vermelho), terno branco, gravata vermelha e bengala. Ensinam-nos, sobretudo, o jogo de cintura que devemos ter para "driblar" os desafios da vida nas metrópoles.

Assim é o malandro, simples, amigo, leal, camarada e verdadeiro. Nunca se deixa enganar e desmascara sem cerimônia a hipocrisia e a mentira. Apesar da figura folclórica do malandro urbano, de jogador, preguiçoso, são espíritos trabalhadores, benfeitores e detestam que façam mal ou enganem as pessoas. Têm grande capacidade espiritual para desamarrar feitiços e desmanchar trabalhos feitos. São *experts* para desembaraçar conflitos interpessoais no campo dos relacionamentos afetivos, notadamente quando as vítimas foram "magiadas".

Linha dos Baianos

De modo geral, os baianos na Umbanda são espíritos alegres e um tanto irreverentes. Possuem grande capacidade de ouvir e de aconselhamento, conversam com calma e nunca se apressam, falam baixo e mansamente, são fraternais e passam segurança aos consulentes. São os espíritos responsáveis pela "esperteza" do homem em sua jornada terrena, que veio para a cidade grande e venceu todas as vicissitudes, muitas vezes pegando pesado como braço operoso na construção civil. No desenvolvimento de suas giras, nos terreiros que fazem sessões públicas com esta linha, os baianos trazem como mensagem principal o ensino para saber lidar com as adversidades de nosso dia a dia, enfatizando a alegria, a flexibilidade e a brincadeira sadia, assim descomprimindo o psiquismo pesado dos consulentes, fazendo-os se abrir, pois ficam à vontade e descontraídos na frente de um médium incorporado com um baiano.

Muitos desses espíritos foram descendentes de escravos que trabalharam no canavial e no engenho. Foram iniciados por dentro das religiões de matriz africana, tendo um conhecimento muito grande das ervas e da magia. São habilidosos nos desmanchos de feitiçarias diversas, espíritos calejados e preparados para as demandas energéticas que ocorrem no astral.

Os Pontos de Força dos Orixás junto à Natureza

A natureza, para nós, umbandistas, é a "materialização" sagrada dos Orixás no planeta. Assim, localizamos nesses sítios vibracionais, dos reinos vegetal e mineral, os principais locais onde os Orixás se fazem templos vivos construídos por Deus, no mar, na praia, no rio, na cachoeira, na montanha, na pedreira e na mata.

O mar é movimento constante, um eterno pulsar, que vibra nas marés e tem forte influência do magnetismo lunar. Seu incessante vai e vem é o próprio batimento "cardíaco" da vida, uma espécie de hemodiálise planetária, com sua expansão e contração, cheia e vazante, eivada de correntes marítimas como se fosse a circulação sanguínea vitalizadora de um órgão vivo, levando tudo o que é negativo, transformando-o e devolvendo-o convertido em positivo. Seu próprio som expressa essa possante e magnífica transformação.

A praia tem praticamente a mesma composição do mar, sendo condensadora, plasmadora, fertilizante e propiciatória à descarga de energias deletérias. Faz um potente equilíbrio elétrico no interior das células, e o ato de andar descalço em suas areias é potente harmonizador de todos os chacras, desimpregnando, transmutando excessos fluídicos e promovendo o equilíbrio da energia interna do indivíduo.

O rio é desagregador de energias pesadas e, ao mesmo tempo, condutor delas para o fundo do seu leito, fazendo-as se desmanchar na terra. Logo é fluente, sem ser condensador, fazendo as energias fluírem, e também vitalizante, por suas águas corridas limpas que nos chegam ao mergulharmos nelas. Não por acaso, Jesus foi batizado no Rio Jordão e, em muitos locais, temos registros de certos rios serem considerados sagrados. Tem serventia para a purificação etéreo-astrofísica do indivíduo e na eliminação de cargas negativas.

Na cachoeira, encontramos elementos coesivos das pedras (mineral) e água potencializada na queda, ou seja, de baixo para cima, que produzem ou conduzem várias formas de energia eólica, solar e hídrica conjugadas. Como as águas fluem num só sentido "batendo" nas pedras, absorvem forte magnetismo mineral, purificando, descarregando, vitalizando, equilibrando e fortalecendo o indivíduo como um todo, no físico-etérico astral.

A pedreira tem força mais centrípeta, de fora para dentro, pela maior condensação das moléculas que a compõem. Assim, reestrutura a forma da aura quando apresenta rombos etéricos, regenera, fixa, condensa, plasma e dá resistência mental, astral e física ao indivíduo.

A mata é concentradora de prana (energia vital) vegetal, restabelecendo a fisiologia orgânica em amplo espectro, sobretudo a psíquica mental, tendo impacto no Ori – cabeça – e na coroa mediúnica; fortalece a aura, o campo astral, o eletromagnetismo, a saúde e o mediunismo, plasmando forças sutis.

A montanha absorve os atributos vibratórios da pedreira e da mata, e, se tiver cachoeira, pela sua maior altitude e proximidade solar, o ar sendo mais rarefeito, é exímia concentradora de fluidos sutilíssimos, sendo excepcional local para entidades de alta envergadura espiritual atuarem. Não por acaso, os sábios e os homens santos de todas as épocas se recolhiam para meditação nos píncaros montanhosos, bem como muitos templos religiosos, abadias e mosteiros foram construídos nesses locais.

A psicologia dos Orixás, arquétipos e estereótipos da personalidade humana

Todos nós somos influenciados pelas vibrações dos Orixás. Nosso Ori – cabeça – é o responsável pela consciência, pelos sentidos e pela expressão da inteligência, que estruturam os processos contínuos de construção dos pensamentos e cognição mais profunda, aquisição de conhecimento, incluindo estados mentais de reflexão, atenção, raciocínio, memória, juízo, imaginação, pensamento, discurso, percepção visual e audível, aprendizagem e, por fim, emoções.

Ocorre que o nosso Ori – numa linguagem mais esotérica, o núcleo intrínseco do espírito, centelha ou mônada espiritual – é constituído de uma parcela de substância ancestral cósmica que varia de indivíduo para indivíduo, chamada de Iporí – a Essência Divina que, individualizada e desprendida de sua origem Sagrada, habita cada um de nós. Iporí tem por sede a cabeça (Ori) e é, podemos assim entender, o núcleo duro e imutável do espírito. É Deus manifestado no homem, e daí a revelação de Sri Krishna contida no Bhagavad Gita: "Eu estou em você, mas você não está em Mim...".

Sendo divino, Iporí é imortal e depende de quais raios divinos – Orixás – "tocaram-no" quando da sua criação por Deus. Nos primeiros contatos com a forma nos mundos rarefeitos, a chispa divina, centelha ou mônada espiritual, enfim, o nosso Ori, foi bafejada pela influência do raio de ação de certos Orixás, que se sobressaíram em relação aos demais. No descenso vibratório para os mundos inferiores, até chegarmos a termos um perispírito no Plano Astral, a matéria primeva do Ori foi sendo preenchida em sua periferia, formando os corpos mediadores, para que conseguíssemos sobreviver na dimensão física como encarnados. A cada nova encarnação, nosso Ori sofre influenciação do efeito de retorno de nossas ações pretéritas, o que repercute nesses corpos mediadores e, consequentemente, na regência dos Orixás – Eledá – a cada renascimento num corpo humano.

Assim, sob a perspectiva da religiosidade com os Orixás na Umbanda, podemos entender a evolução, sob um prisma peculiar e não único, que se acrescenta a outros ângulos de interpretação e saberes. São necessários anos de vivência prática num terreiro para que nos aprofundemos neste assunto.

Ponderamos que os traços psíquicos associados aos Orixás não são definitivos nem se apresentam isolados um dos outros. Todos nós temos a influência do meio ambiente biopsicosocial em que vivemos e, ao mesmo tempo, das energias de todos os Orixás. O comedimento, a observação arguta e a vivência no decorrer dos anos são os melhores parâmetros para o autoconhecimento e o aprimoramento perante a vida. Portanto, o conhecimento da psicologia dos Orixás é somente um dos muitos e diversos caminhos que nos fornecem referências de comportamento na busca do aperfeiçoamento humano e da evolução espiritual.

Sob a perspectiva do mediunismo de terreiro, pode ser auxílio importante para a definição adequada do Ori e do Eledá – regência dos Orixás – a predição ou arte divinatória, como o Jogo de Búzios, conhecido como Merindilogun, ou, ainda, o auxílio de uma entidade de fato e de direito incorporada no médium dirigente.

Antes de darmos uma ideia dos estereótipos ou modelos de personalidades ligados a essas forças divinas, é importante salientarmos que, no âmbito cosmológico, os Orixás "representam" elementos da natureza ou poderes primordiais decorrentes da vontade de Deus manifestados no planeta como pontos de forças naturais: o ar, a água, o fogo e a terra. Uma análise comparativa nos permite agrupá-los em cores, ritmos, cânticos, enfim, num conjunto de atributos e de características que expressam o próprio temperamento humano.

Podemos ainda dizer que cada Orixá se apresenta com diversas qualidades dentro das suas características peculiares. Assim é que, entre estas "qualidades", encontramos, por exemplo, Oxalá como Oxaguiã, um jovem guerreiro, valente e generoso, um andarilho, sincretizado no Jesus Humano.

Temos também Oxalufã, velho, impotente e cansado, ligado à criação e curvado diante o "peso" do mundo, simbolicamente representando o Pai, que se fazia um com Jesus, perfazendo a unidade em Oxalá. Temos, ainda, o aspecto feminino de Oxalá, ligado a fecundidade e maternidade, à povoação da Terra, conhecido como Oduduá.

Neste breve ensaio de estudo, não vamos "abrir" os Orixás por qualidades, o que não é comum na Umbanda. Citamos para efeito de referência e demonstração de quanto a religião dos Orixás é profunda e um tanto complexa ao iniciante e até a alguns "iniciados".

Oxalá

Atributos: fortaleza e paciência. Estabelece a ligação com a espiritualidade e leva ao despertar da fé, à compreensão do "religare" com o Cristo interno.

Tipos psicológicos dos filhos de Oxalá: são cuidadosos, generosos e buscam sempre a perfeição, podendo se tornar detalhistas.

Inconstantes e por vezes amuados, impõem suas opiniões e têm grande capacidade de mando, embora "disfarçada" numa suavidade do jeito de se imporem; não raramente, tornam-se líderes em suas comunidades. Bondosos, serenos, prestativos, pacientes e sábios. Perante certos obstáculos da vida, podem ser lentos em suas decisões, distantes e fechados, mas são persistentes e não gostam de fazer alarde. São aparentemente frágeis, um tanto delicados. Em contrapartida, essa aparente fragilidade psíquica é compensada com uma enorme força moral, o que os faz fortes diante das fraquezas humanas, dos doentes e oprimidos. Na velhice, tendem a ser rabugentos e irritadiços, todavia sem perder a boa aparência e os modos educados, pois procuram ser agradáveis, o que não significa fraqueza de vontade e falta de firmeza em suas opiniões. São de Oxalá pessoas altruístas e dedicadas a uma causa social, de ajuda aos injustiçados e aos oprimidos.

Aspectos positivos: devoção, fé, abstração meditativa, ligação com o espiritual, calma e serenidade "aparente". São asseados mental e fisicamente, caseiros e amigos acima de tudo. Com eles, regem a tranquilidade, o silêncio e a paz no ambiente.

Aspectos negativos: fanatismo, isolamento, autoritarismo desprezo pelo material, melancolia, impaciência, ira, crueldade, mania de limpeza.

Saúde: têm um sistema nervoso delicado; "aparentemente", inspiram tranquilidade, mas são explosivos interiormente, necessitando de períodos de isolamento como forma de repouso. Devem cuidar da coluna vertebral (rege coração e coluna). As doenças do sistema circulatório e cardiovascular são associadas a inchações, artrites e artroses. Os "males de velhos" são comuns quando o filho de Oxalá atinge a idade avançada.

Elemento: ar.

Mineral: pedras brancas, diamante e brilhante.

Metal: ouro.

Signo regente: leão.

Planeta: Sol.

Ervas: arruda, levante e guiné.

Flor: girassol e jasmim.

Chacra: coronário.

Cristal: cristal de quartzo, diamante, howlita.

Saudação: Êpa E Babá – exclamação de surpresa, grande admiração pela honrosa presença do Pai.

Iemanjá

Atributos: respeito e amor; desperta a grande mãe em cada um, a percepção de que podemos gerar "vida" e de que somos cocriadores com o Pai. Estimula-nos ao amor maternal, sem apego, fazendo que seus filhos sejam cidadãos do mundo.

Tipos psicológicos dos filhos de Iemanjá: podem ser imponentes, majestosos, dignos, calmos, sensuais e fascinantes (o canto da sereia). As filhas de Iemanjá costumam ser altas e "robustas", de cinturas largas e seios generosos. Geralmente, são sérias, calmas, cuidam da vaidade e da aparência. Por vezes, são fechadas, pacientes, prestativas, excelentes na organização de procedimentos, sobretudo nos aspectos disciplinadores de um centro espiritualista ou comunidade terreiro. Eventualmente, tornam-se mais combativas e podem até se enfurecer se contrariadas no ideal a que se propõem defender em prol do coletivo ou da família de "santo", como se fossem uma "baleia" que balança o "rabo" fazendo ondas brabas. Convertem-se em boas educadoras, dedicadas no lar e dadas ao relacionamento social, porém tendem a ser vingativas e a ter dificuldade de perdoar as ofensas, pois geralmente são ciumentas e possessivas com as pessoas que amam.

Aspectos positivos: prosperidade e abundância em todos os sentidos; acolhimento, zelo (preocupação com o bem-estar dos que ama), sentido de união, humanitarismo, criatividade, procriação no sentido de progresso (evolução).

Aspectos negativos: avareza, rejeição, medo, apego, ciúmes, posse excessiva (paralisando o progresso), mesquinhez e insensibilidade.

Saúde: podem apresentar distúrbios renais que acarretam prejuízos à pressão arterial, bem como artrites e reumatismos; tendem a manifestar alergias a lugares fechados e rinite alérgica ou asma. Seus pontos fracos são as glândulas suprarrenais e o aparelho reprodutor.

A "GRANDE MÃE IEMANJÁ".
"Yèyé omo ejá" "Mãe cujos filhos são peixes".

Iemanjá é considerada um Orixá dos primórdios da Criação. Quando Oludumare – Deus encarregou Obatalá de criar o Ayê – Terra, lá estava a Grande Mãe, Geradora Divina, fornecendo a água para a formação da vida. Então Iemanjá não é apenas uma figura feminina passiva e materna, é uma matriz energética extremamente poderosa controlando uma série de Atributos Divinos.

Iemanjá é a "Grande Mãe" por ser a principal conhecedora das profundezas do Ori – nossas cabeças, no sentido metafísico – e a "confecção" de todos os destinos tem a sua supervisão, lhe dando atributos de conhecedora e conservadora da humanidade. Como Mãe Provedora, acolhe e conduz nossas mentes ao renascimento para as coisas do espírito, manifestando-se em anseio latente de compreensão do sentido "oculto" da vida. Como Irradiação Sagrada domina o poder das profundezas dos oceanos e suas riquezas e pode naturalmente responder súplicas às margens de rios e lagos.

Quando necessário para o equilíbrio planetário suas forças se movimentam incrivelmente fortes através de furacões e agitação descontrolada dos oceanos, sendo uma das energias fundamentais da cosmogonia ou cosmo-gênese espiritual, pois sem o elemento aquoso não teríamos vida na Terra e não seria possível a reencarnação de espíritos que já têm consciência que existe algo fora de si e de que não somos somente instintos. Tanto que Iemanjá está contida em todos os seres humanos através dos sais das águas marinhas que são símiles na sua composição química aos do suor e das lágrimas. Cuidemos dos mares, zelemos pela nossa Mãe Divina que ela sempre "olhará" por nós com amor e compaixão.

Elemento: água.

Mineral: ágata e cristais leitosos.

Metal: prata.

Signo regente: câncer.

Planeta: Lua.

Ervas: colônia.

Flor: rosas brancas.

Chacra: frontal.

Cristal: água marinha, pedra da lua e abalone.

Saudação: Odoyá – salve amada senhora das águas.

Xangô

Atributos: sabedoria e prudência; equidade, ponderação e honestidade; entendimento do encadeamento de nossas ações e reações, as quais estabelecem uma relação de causa e consequência no sentido de ascensão espiritual (equilíbrio cármico).

Tipos psicológicos dos filhos de Xangô: costumam avaliar os fatos com muito critério. Geralmente, não tomam decisões rápidas, sem pensar o suficiente sobre todos os ângulos das questões a serem resolvidas. São capazes de grandes sacrifícios, mas podem se aborrecer se algo não sair conforme planejaram. São metódicos, honestos e precisos em suas decisões. Às vezes, voluntariosos e rígidos em suas opiniões. Quando diretamente contrariados em seus pontos de vista, são enfáticos e até duros na defesa de suas opiniões, sobretudo se estiverem com a razão. Todavia, com a maturidade, tornam-se muito sábios, mansos e de grande compostura moral, como o velho pastor da montanha, que tem a firmeza da rocha e a mansuetude da ovelha. Apresentam tendência à obesidade, são robustos e de certa imponência. Possibilidade de ficarem orgulhosos, prepotentes e teimosos. Em contrapartida, costumam ter qualidades de liderança, que, se muito estimulada, poderá torná-los atrevidos, valentes, agressivos e até cruéis. Excelentes advogados, juristas, líderes políticos, comunicadores, intelectuais e filósofos.

Aspectos positivos: justiça, discernimento, palavras adequadas no momento certo, equidade, nobreza de caráter, atitude digna, organização e trabalho, progresso cultural e social, altivez e inteligência. Têm habilidade na oratória e no domínio das multidões, gostam do conforto e da boa mesa. Decisão, vontade, concretização e iniciativa, eloquência e articulação.

Aspectos negativos: onipotência, rigidez de opiniões, vitimização, palavras metálicas que ferem ("só eu tenho razão"), prolixidade, ingratidão, autoritarismo, insensibilidade, arrogância, vaidade exagerada e conservadorismo extremo.

Saúde: problemas no sistema cardiovascular, podendo aparecer hérnia, hipertensão, estresse e ansiedade (impotência masculina), problemas no fígado e vesícula.

Elemento: fogo.

Mineral: ametista, topázio.

Metal: estanho.

Signo regente: sagitário/peixes.

Planeta: Júpiter.

Ervas: guiné, para-raios.

Flor: lírio branco.

Chacra: cardíaco.

Cristal: jaspe marrom e vermelho, quartzo citrino, pedra do sol e ágata de fogo.

Saudação: Kawô Kabiecile! Permita-nos olhar para Vossa Alteza Real! Ou, ainda, Venham admirar o Rei.

Ogum

Atributo: vontade e vitória (caminhos abertos), energia propulsora da conquista; impulso da ação, do poder da vontade (o poder da fé). Responsável pela aplicação da Lei Divina e pela vitória; é o vencedor das demandas.

É a força (luta) inicial para que haja a transformação; é o ponto de partida, aquele que está à frente. É a vida em sua plenitude; o poder do sangue que corre nas veias, a manutenção da vida.

Tipos psicológicos dos filhos de Ogum: são vigorosos, dinâmicos, atléticos e inquietos, até mal-humorados. Impacientes, não são de ficar em cima do muro, detestam esperar, preferindo resolver logo os problemas. Agem antes de pensar e às vezes ofendem os que estão junto a eles. De caráter difícil, até irascível, muitos os consideram antipáticos. Não são de mascarar suas opiniões; são sinceros, diretos e de bom caráter. São ativos, viris, arrebatados, empreendedores. São tenazes e agem com muita vontade e energia para alcançar seus objetivos. Não descansam enquanto não atingem a vitória, quando muitos já teriam desistido da luta e perdido as esperanças.

Por serem demasiadamente francos, às vezes são arrogantes e autossuficientes, melindrando pessoas de estima baixa com certa facilidade. No entanto, pela franqueza e transparência de suas intenções, acabam angariando muitos amigos e admiradores, o que pode deixá-los um tanto vaidosos. Raramente são odiados, nunca passam despercebidos.

Aspectos positivos: transmitem sinceridade e franqueza, coragem, agilidade, decisão, elegância, liderança, mas também sabem ser dóceis, amáveis e generosos.

Aspectos negativos: quando emocionalmente abalados, a vontade enfraquece, apatia, egoísmo, dificuldade de perdoar e também de dizer "não". Nessas ocasiões, ainda há possibilidade de se tornarem agressivos, autoritários, violentos, ciumentos, covardes e teimosos.

Saúde: doenças relacionadas ao sistema nervoso (tornando sensível o aparelho digestivo) e às articulações (braços, pulsos e mãos). Pontos fracos: cabeça e estômago. Ferimentos e cortes produzidos por instrumentos e acidentes relacionados com o ferro: armas e automóveis.

Elemento: fogo.

Mineral: rubi e água-marinha.

Metal: ferro.

Signo regente: áries.

Planeta: Marte.

Ervas: espada de Ogum.

Flor: cravo vermelho.

Chacra: solar.

Cristal: olho de tigre, hematita e pirita.

Saudação: Patakori Ogum! Ou, ainda, Ogunhê! Muita honra em ter o mais importante dignitário do Ser Supremo em minha cabeça! Ou, ainda, Salve Ogum, Cabeça Coroada.

Iansã

Atributos: movimento e mudança; necessidade de deslocamento, transformações materiais, avanços tecnológicos e intelectivos; luta contra as injustiças. Energia dinâmica que atua com força nos recém-desencarnados, conduzindo-os ao Plano Astral.

Tipos psicológicos dos filhos de Iansã: são de temperamento intenso, quase sempre extremado. Mudam de opinião com rapidez, da ira para a calma ou da harmonia para uma explosão emocional, voltando logo depois ao "normal", como se nada tivesse acontecido.

Podem ser irrequietos, por terem muita rapidez de raciocínio, dinamismo e agilidade mental, tornando-se um tanto nervosos. Eventualmente, excêntricos e atrevidos; são ciumentos, teimosos, impertinentes, impacientes e até coléricos. Todavia, são realizadores e gostam de tarefas que não são repetitivas; ótimos viajantes, não se entendiam facilmente quando estão conhecendo lugares e situações novas. O psiquismo de Iansã é propenso à educação, à oralidade e à orientação, não se deixando prender a tarefas rotineiras. Precisam colocar em prática a sua garra e impetuosidade diante do novo, como as nuvens nos céus, que mudam constantemente o formato, moldando-se aos ventos.

Aspectos positivos: improviso, tirocínio, perspicácia, coragem, lealdade e franqueza, fluidez de raciocínio, propiciando a higienização mental; mudança de pensamento (jogo de cintura) e facilidade de falar, além de talento artístico, charme e sensualidade.

Aspectos negativos: agressividade, ciúme doentio, instabilidade, rancor, impulsividade (agem sem pensar), fraqueza, impaciência, culpa, irritabilidade, violência.

É considerada a Senhora dos "mortos". Seu ponto de força é a Calunga Pequena (cemitério), por isso é chamada também de Senhora ou "Rainha" dos Cemitérios. É uma irradiação que tem pleno domínio sobre os desencarnados, trazendo consigo uma falange que ela controla, de Exus e Bombogiras de Calunga. Sua força é decantadora e retém em seu raio de ação os espíritos que cometeram suicídio indireto, "maltratando" a saúde por meio de vícios variados, desencarnando antes do tempo previsto, entre outras causas. Sua cor é o branco, ao contrário do laranja avermelhado Original. Popularmente, na Umbanda, o Orixá Omulu é considerado o "Rei do Cemitério". Discordamos do senso comum umbandista vigente nesse "fundamento", pois Omulu não tem nenhuma relação com esse ponto de força e nenhum registro etnográfico na Religião dos Orixás Iorubana, que assim o trate. Originalmente, é Iku, Orixá da Morte, quem faz os desligamentos, e este que teve seus atributos sincretizados com Omulu no processo "urbano" de "umbandiza-ção" dos Orixás nas grandes cidades. Nossa base doutrinária bebe na fonte da Cosmogonia Nagô e na Sabedoria de Ifá para fazermos essas afirmações ou tecermos essas chaves interpretativas teológicas.

Respeitamos todas as outras casas e terreiros, e estamos tão somente compartilhando uma interpretação interna, vivenciada e ritualizada em nossa comunidade terreiro. As diferenças devem nos unir, e não nos separar.

Saúde: Iansã, por estar ligada aos elementos fogo e ar, de gran-de intensidade mental, pode "causar" em seus filhos, quando vi-brando no negativo do Orixá por muito tempo, processos psíquicos de crises de identidade, perda de memória, bipolaridade, transtor-nos de personalidade, conjugados com crises psicológicas, de ira, raiva e agressividade, ocasionando hipertensão, acidentes vasculares cerebrais e problemas cardíacos.

Elemento: fogo.

Mineral: granada vermelha.

Metal: não tem, pois seu elemento é o ar. Domina os ventos, os raios e as tempestades.

Signo regente: gêmeos.

Planeta: Urano (regente de aquário) é o planeta que promove as mudanças rápidas e drásticas, os rompimentos, a abertura para o novo e o movimento incessante. Na astrologia, Urano é a oitava superior de Mercúrio; isso quer dizer que, em Mercúrio, lidamos com as questões do dia a dia (a tecnologia, as comunicações, os do-cumentos) utilizando a inteligência de forma rápida na busca da so-lução das situações inesperadas; são os *insights*, ou seja, o lampejo, a ideia incessante buscando aquilo que ainda não foi realizado ou imaginado. É o chamado "anarquista", aquele que rompe com os padrões estabelecidos e traz a visão de futuro.

Ervas: espada de Santa Bárbara.

Chacra: cardíaco.

Cristal: granada vermelha, calcita laranja e jaspe vermelho.

Saudação: Eparrei Oyá! Salve a mãe dos nove espaços de orum (céu ou plano espiritual).

Oxum

Atributos: fertilidade, maternidade, amordoação, equilíbrio emocional, concórdia, complacência, sensibilidade, delicadeza e polidez.

Tipos psicológicos de Oxum: são delicados, graciosos, costumam ser bonitos. Suas mulheres podem ser sensuais, voluptuosas, emotivas, inconstantes, infiéis e fúteis. Ambiciosos, apreciam o luxo, a riqueza e o conforto. São serenos, gentis, emotivos (choram com facilidade) e altamente intuitivos. Observadores dos sentimentos, usam-nos para alcançar seus objetivos. Em geral, são envolventes e amigos. Apesar dessas características de comportamento, por vezes são desconfiados, indecisos e vingativos, sendo astutos para "jogar" com o emocional das pessoas.

Preocupam-se com a higiene pessoal, gostam de estar sempre perfumados e bem-vestidos. Possuem uma força de penetração na natureza humana fora do comum; são psicólogos natos. Pela alta sensibilidade e pelo apurado sentimento de amor, são exímios na magia e excelentes médiuns e dirigentes.

Aspectos positivos: graciosidade, bondade, julgamento sensato, boas maneiras, amorosidade, companheirismo, meiguice e amizade.

Aspectos negativos: insatisfação, melindre, ciúme e articulação da vingança, pois não esquecem uma traição ou ofensa, agarrando-se às lembranças e às recordações do passado. Frios, calculistas, articuladores e maniqueístas.

Saúde: doenças venéreas femininas, falta ou excesso de regras menstruais, abortos espontâneos, infertilidade, enfim, distúrbios ginecológicos diversos, atingindo o útero, os ovários e as trompas, as chamadas doenças de barriga ou baixo ventre. Podem ter dificuldade para engravidar, mas, com tratamento, a fim de normalizar ou recuperar a fertilidade, obtêm sucesso. Há, também, a possibilidade de depressão, desencadeada por estresse emocional, pois, quando no negativo emocional, são muito melindrosos, autoestima baixa; são depressivos, chorões e melancólicos.

Elemento: água.

Mineral: topázio imperial.

Metal: ouro.

Signo regente: câncer (pela regência da Lua), touro e libra (pela regência de Vênus). A maior influência aqui é a planetária.

Planeta: Lua, no que se refere à fecundidade e à gestação; Vênus, no que se refere à beleza, à satisfação e ao gosto refinado por tudo o que é caro.

Erva: erva de Santa Maria.

Flores: amarelas.

Chacra: frontal e cardíaco.

Cristal: quartzo rosa, opala rosa e rodocrosita.

Saudação: Ora iê iê ô! Salve a Senhora da bondade; ou, ainda, Salve mãezinha benevolente.

Oxossi

Atributos: esbelto, ágil, fino, perspicaz, é o "caçador de almas", o conselheiro. Curiosidade, acuidade psíquica, observador de grande penetração. Corresponde à nossa necessidade de saúde, nutrição, energia vital e equilíbrio fisiológico, num trabalho constante de crescimento e renovação. Fartura, riqueza, liberdade de expressão são seus pontos marcantes.

Tipos psicológicos dos filhos de Oxossi: são honestos, desinteressados, altruístas e espontâneos. Tem uma grande inconveniência: são inconstantes, entediam-se e não persistem, desistindo muitas vezes de seus projetos no meio do caminho. São graciosos, inteligentes e têm curiosidade e senso de observação de grande penetração: simbolicamente, é o caçador solitário que entra na mata. Apresentam um comportamento metódico e são propensos à magia cerimonial. Gostam de ficar sós, são discretos e fiéis, e aparentemente reservados e tímidos. Apresentam uma propensão natural para desbravar o desconhecido; por isso são pioneiros em novos projetos e métodos de trabalho. De grande sensibilidade, possuem qualidades artísticas. Por sua estrutura psíquica emotiva, com certa frequência precisam se isolar para refazer as energias. Não raramente costumam mudar de atividades, pois estão sempre em busca de algo novo que os motive. Mentalmente atilados e de grande capacidade criativa, têm facilidade de expressão artística, pela oralidade, pela escrita ou pela pintura. São sábios, mestres e professores, profundamente didáticos, gostam de ensinar, alimentando seus filhos no conhecimento que fortifica a fé raciocinada e vivida na Umbanda.

Aspectos positivos: rapidez de raciocínio, boa oralidade e comunicação; são extrovertidos, generosos, hospitaleiros e amigos. Vivem com dinamismo e otimismo, e são ligados a todos os tipos de artes. São amáveis com os amigos e sinceros no desejo de ajudar os outros. Têm facilidade para ganhar dinheiro.

Aspectos negativos: vivem de ilusões, por isso podem vacilar no que desejam realizar. Por vezes, demonstram uma "vontade de nada fazer", que pode ter a conotação de preguiça. Gastam todo o dinheiro que ganham, levando, em determinadas ocasiões, à falta de alimento e ao desperdício. Podem se tornar agressivos e com dificuldade de se comunicar.

Saúde: distúrbios emocionais, transtornos neuroquímicos ligados às glândulas suprarrenais e pâncreas, fobias, crise de identidade, apatia e processos esquizofrênicos, câncer no sistema digestivo, hepático e urinário.

Na Umbanda, de um modo geral, sincretizou-se com o Orixá Ossaim quanto aos aspectos tradicionais da medicina fitoterápica e tudo o que se relaciona à magia das folhas e das matas. Originalmente, na África, era o caçador, um guerreiro valente; não por acaso rege a linha dos caboclos que "caçam" os espíritos perdidos, buscando resgatá-los e trazê-los para a luz.

Elemento: terra.

Mineral: lápis-lazúli.

Metal: cobre.

Signo regente: touro e libra.

Planeta: Vênus.

Ervas: arruda, guiné.

Flor: palma.

Chacra: esplênico.

Cristal: quartzo verde, amazonita, jade verde, turmalina verde, peridoto e âmbar.

Saudação: Okê arô! O rei que fala mais alto, o Grande Caçador.

Nanã

Atributo: previdência, austeridade, organização, método, calma e misericórdia. Nanã é o momento inicial em que a água brota da terra ou da pedra. É a soberana de todas as águas; é também a lama, a terra em contato com a água; é o pântano, o lodo, sua principal morada e regência. Ela é a chuva, a tempestade, a garoa. Nanã é a mãe, boa, querida, carinhosa, compreensível e sensível; a senhora da passagem desta vida para a outra, comandando o portal mágico, a passagem das dimensões.

Este Orixá relembra a nossa ancestralidade mística, o momento em que fomos criados espírito. A água foi necessária na Terra para a geração da vida, tendo o barro ou a lama um simbolismo correspondente ao momento em que fomos "feitos" pelo Pai. Assim, Nanã é considerada a Grande Mãe. Ela reconduz os espíritos desencarnados ao mundo espiritual, aconchegando-os em seus braços.

Os tipos psicológicos dos filhos de Nanã: não perdoam mentiras, traições e desonestidades. São austeros quanto ao comportamento moral, referente às condutas condizentes com o bom caráter. São tímidos e ao mesmo tempo serenos e tolerantes. Por vezes, são severos nos seus valores e crenças, rígidos na educação da família. Não raro, são rabugentos, o que os fazem ser temidos. Geralmente não são sensuais e não se ligam às questões da sexualidade. Outras vezes, por medo de serem amados e virem a sofrer, se dedicam com afinco à profissão, sendo dispostos à ascensão social.

Quanto à calma e à lentidão que lhes são peculiares, nos momentos das decisões, acabam gerando conflitos com pessoas ativas e dinâmicas. Em equilíbrio, são pessoas bondosas, simpáticas, bonachonas e dignas de confiança.

Aspectos positivos: sensatez, prudência, tenacidade, perseverança, ordem, objetividade, paciência, respeitabilidade, calma. Sem pressa para realização, o tempo não os aflige. São benevolentes, gentis e mansos, como se fossem bons e amorosos avós.

Aspectos negativos: intolerantes, ranzinzas, rabugentos, mal-humorados, conservadoristas extremados, preguiçosos, avarentos, indiferentes, estúpidos. Demorados, teimosos e implicantes, adiam as decisões e podem ser vingativos.

Saúde: apresentam lentidão nas reações motoras e mentais, e são propensos a: retenção de líquidos, problemas renais, artrites e reumatismos, sensibilidade para doenças de pele.

No tocante à reencarnação, "abraça" o espírito numa irradiação de paz, diluindo excessos energéticos fazendo sua consciência adormecer suavemente, de modo a perder a memória e ingressar na nova vida sem lembrar-se das anteriores. Quanto à desencarnação, pode ser chamada de Senhora da Boa Morte, pois aqueles que tiverem merecimento de serem objetos de seu raio divino de ação adormecem suavemente e são conduzidos por um tipo de "sucção" magnética, conduzindo o espírito delicadamente na travessia para um outro plano de vida, a dimensão astral. Nanã é a maturidade da consciência, a sabedoria que o tempo propicia a todos como fiel e incansável mestre.

Elemento: terra.

Mineral: ouro branco e ametista.

Metal: chumbo.

Planeta: Lua, que é o regente de câncer – ligação com as águas; junção da água das chuvas e do solo barrento e pantanoso, demonstrando que é preciso trabalhar o passado, libertando e deixando ir embora o que não serve mais.

Signo regente: escorpião, que é regido por Plutão – ligação com as águas paradas e profundas (o mangue), refletindo a expressão "eu calo" do escorpiano, que observa e é profundo no sentir os ambientes e a psiquê humana; possuem a capacidade de vivenciar a dor e o sofrimento, e a renascer mais forte, com maior capacidade de domínio sobre as próprias emoções.

Flores: de cor roxa.

Chacra: básico.

Cristal: ametista, tanzanita e cacoxenita.

Saudação: Saluba Nanã! Nos refugiaremos da morte com Nanã.

Omulu

Atributos: Orixá da transformação, agente cármico a que todos os seres vivos estão subordinados, rege a "reconstrução de corpos", nos quais os espíritos irão reencarnar, pois todos nós temos o corpo físico de acordo com nossa necessidade de reajustamento evolutivo. Assim, todas as doenças físicas às quais estamos sujeitos são necessárias ao fortalecimento de nossos espíritos. Omulu não causa doença; ao contrário, ele a leva embora, a "devolve" para a terra. Corresponde à nossa necessidade de compreensão do carma, da regeneração, da evolução, de transformações e transmutações existenciais. Representa o desconhecido e a morte, a terra para onde voltam todos os corpos, e que não guarda apenas os componentes vitais, mas também o segredo do ciclo de nascimento e desencarne.

É o Orixá da misericórdia; está presente nos leitos dos hospitais e nos ambulatórios. A sua invocação, nos momentos dolorosos das enfermidades, pode significar a cura, o alívio e a recuperação da saúde, de acordo com o merecimento e em conformidade com a Lei Divina.

Tipos psicológicos dos filhos de Omulu: são atarracados, lentos. Frequentemente são desajeitados no trato social e nas relações interpessoais. Pouco espontâneos, sisudos e desconfiados, adaptam-se a situações estáveis e são fiéis às causas que abraçam. Podem ser fechados, amuados, sem jeito no trato social e apagados na conquista amorosa, tendendo ao pessimismo, com ideias autodestrutivas que os prejudicam no dia a dia. São um tanto solitários e melancólicos, podendo ser amargos com as pessoas. Em contrapartida, para auxiliar alguém doente, são determinados, resistentes e capazes de enormes esforços. Podem reprimir suas ambições pessoais, adotando uma vida de humildade, de pobreza voluntária e até de certa flagelação psíquica. São lentos, todavia de grande perseverança, sendo firmes como uma pedra quando querem algo. Assim, perdem a espontaneidade e a flexibilidade para se adaptarem aos imprevistos do caminho, tornando-se rígidos e resistentes às mudanças. Quando ofendidos, podem se tornar cruéis e impiedosos. São protegidos contra qualquer tipo de magia.

Aspectos positivos: os filhos de Omulu chegam a ser "esquisitos" com seu temperamento controlado, saindo-se bem nos estudos e nas pesquisas, sobretudo na medicina. São capazes de se anular para proporcionar bem-estar a terceiros, fazendo disso sua maior motivação na vida. São amigos dedicados, exímios curadores e altruístas, e têm uma sensibilidade mediúnica apurada, que pode ajudar a entender as dores. Estão presentes em nossa vida, prestando-nos auxílio quando sentimos dores, agonia, aflição e ansiedade.

Aspectos negativos: esquisitice, vaidade exagerada, maldade, morbidez, indolência e mau humor. São desconfiados e rígidos, depressivos, melancólicos e ciumentos. Às vezes magoam, por insistir em só enxergar os defeitos alheios.

Saúde: podem apresentar uma lentidão nas reações motoras e mentais, dificuldade na fala, retenção de líquidos e doenças de pele diversas.

Conhecido como médico dos pobres, com seu instrumento ritual, o xaxará (feixe ou maço de palha-da-costa, enfeitado com búzios), retém a enfermidade e a leva de volta à terra, oferecendo a cura em troca. Atua em locais de manifestação de doentes, como hospitais. Seus falangeiros – exus – que atuam na sua vibratória não permitem que espíritos vampirizadores se "alimentem" do duplo etéreo daqueles que estão próximo ao desencarne. Auxiliam, também, os profissionais da saúde, terapia holísticas e afins, bem como aliviam as cargas pesadas dos médiuns adquiridas em seus trabalhos curativos de caridade.

Elemento: terra.

Metal: chumbo.

Signo regente: escorpião (regência de Plutão) – libertação do velho para que o novo se estabeleça.

Planeta: Saturno influencia na saúde (pele, ossos, dentes e cabelos, e tudo o que é limite do corpo físico), bem como na conscientização do resgate do carma individual, trabalhando o perdão, para que nos libertemos dos impasses pretéritos.

Ervas: barba de pau, canela de velho, cedro e cedrinho.

Chacra: básico.

Cristal: Turmalina preta e cianita preta.

Saudação: Atoto Obaluayê! Silêncio para o grande Rei da Terra.

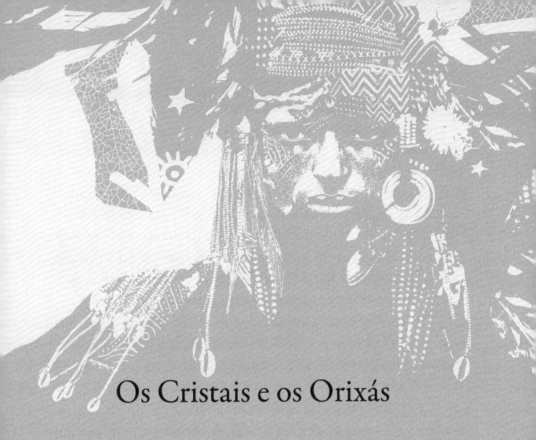

Os Cristais e os Orixás

"Simila Similibus Curantur."
(O semelhante cura o semelhante.)
Dr. Hahnemann, máxima da Homeopatia.

Cada cristal possui função e vibração específicas. As frequências vibratórias que curam, energizam, afinam e elevam o espírito são inerentes à evolução do reino mineral. Cada pedra ou mineral emite uma "nota musical" singular. Ouvidos aguçados a podem ouvir, especialmente quando estão próximos a grandes jazidas minerais.

Os cristais foram criados quando a Terra se formava e continuaram a se metamorfosear à medida em que o planeta se transformava. Os cristais e as pedras preciosas formam-se e são encontrados cristalizados no interior das rochas, nas fissuras e nas aberturas rochosas, dentro de cavernas, montanhas ou no subsolo terrestre.

Alguns foram submetidos a enormes pressões, enquanto outros se desenvolveram em câmaras nas profundezas do subsolo. Alguns se formaram em camadas, enquanto outros cristalizaram a partir do gotejamento de soluções aquosas – tudo isso afeta as suas propriedades e a maneira como atuam. Formado de uma grande variedade de minérios, o cristal é definido por sua estrutura interna – atômica simétrica e ordenada, exclusiva da sua espécie. Em rochas magmáticas, são encontrados os cristais de quartzo e a Turmalina; em rochas sedimentares, são encontradas a calcita e a aragonita; em rochas metamórficas, a cianita e a serpentina.

O Cristal tem um crescimento simétrico em torno de um eixo. Seus planos externos regulares são uma expressão exterior da sua ordem interna. As correntes fundamentais de energia da Terra e do Universo estão condensadas nas pedras.

Cada pedra preciosa significa uma forma de consciência, uma determinada energia cósmica, um tipo psicológico, um planeta e um chacra do planeta e do homem.

Assim, encontramos as forças da floresta concentradas no quartzo verde; a energia vital da matéria, na granada; a parte luminosa da alma, o Eu Superior na Ametista; a energia unificadora da vida, o amor no quartzo rosa; o pensamento na sodalita; o plano astral, onde toda a matéria está plasmada em ideia, na ágata; a sabedoria que vem da experiência de milhões de anos, a idade da Terra, no quartzo fumê; o absoluto como abismo da unidade, no ônix; a inteligência suprema, no cristal branco.

Utilizados há milênios pelas civilizações antigas – grega, romana, egípcia, persa, hindu, chinesa, pelos índios norte-americanos, por sábios do Tibete, ciganos, xamãs equatorianos, pelos feiticeiros da Nova Guiné e da Oceania, pelos vikings e pelos fenícios –, atualmente são muito utilizados no Brasil como instrumento de desenvolvimento espiritual.

Antigamente, as pedras preciosas e semipreciosas só eram usadas por reis e sacerdotes como joias e talismãs de cristal que têm não só função ornamental, mas de proteção e cura.

As energias curativas transmitidas pelos cristais atuam no nível dos nossos corpos energéticos sutis. Uma disfunção nos padrões emocionais pode provocar alterações nos corpos sutis e finalmente se instalar no corpo físico como doença.

As pedras possuem uma aura, assim como as pessoas. Essa energia que a circunda como uma membrana ao ser tocada por uma pessoa passa-lhe energia. No contato permanente com a pessoa, a aura da pedra passa a interagir com a alma humana, recebendo as energias do seu portador, purificando-as com as virtudes próprias das pedras.

Quando a correção de uma disfunção é feita no âmbito dos corpos astral e etérico, por meio dos cristais, o molde energético sutil é reconstituído de forma que o crescimento normal dos tecidos pode ocorrer, a dor pode ser aliviada e a coordenação entre os vários níveis energéticos torna-se restabelecida com mais facilidade.

Usar cristais ou simplesmente ter um nas proximidades potencializa a nossa energia, purifica o ambiente e atrai bem-estar, prosperidade e abundância; melhora a saúde e ajuda na libertação de determinados vícios. Bem posicionados, os cristais podem mudar a nossa vida. Podemos escolher pedras para aumentar a intuição, incrementar as nossas capacidades mentais, estimular a nossa autoconfiança, harmonizar os nossos relacionamentos, trabalhar os medos e a ansiedade.

Assim, os cristais vêm em nosso auxílio como "terapeutas energéticos", que nos auxiliam a retomar o caminho da harmonia e do equilíbrio; podemos então usá-los em forma de colares, pulseiras, pedras roladas para colocar em nossos chacras ou embaixo do travesseiro e também na forma de elixires (jarra com água mineral e as pedras roladas indicadas).

É a intuição que nos guia no mundo mineral. São os cristais que nos escolhem, e não nós quem os escolhemos. Geralmente, sentimo-nos atraídos por eles e, quando nos informamos sobre suas propriedades, descobrimos que era exatamente o que estávamos necessitando. Use o seu cristal sabiamente e com moderação; o objetivo é que se compreenda que eles concentram energia e que nos ajudam a entrar em contato com as forças universais que nos cercam, mas não são as próprias forças, são reflexos de energias que já existem e são ampliadas e afinadas para que se faça delas uso correto. Lembre-se que os cristais não mudam você; você muda com a ajuda deles.

Escolha e limpeza dos cristais

Ao escolher seus cristais pessoais ou para utilizar na cura, saiba que o tamanho não é importante. Eles devem ser de boa qualidade, boa cor e claridade.

Existem vários métodos de limpeza dos cristais e das pedras, por isso, para limpá-los, é necessário conhecer as propriedades físicas de cada uma e as formas de limpeza e energização, porque aqueles mais sensíveis estragam quando são manuseados, outros se dissolvem em água/sal/exposição ao Sol. Outros trincam ou perdem suas belas cores quando expostos ao sol excessivo.

À medida em que você vai utilizando e conhecendo melhor seus cristais e suas pedras, vai observar quando necessitam de limpeza; eles geralmente ficam mais opacos. A Calcedônia é purificada por natureza; não necessita ser submetida à limpeza, pois absorve e dissipa as energias negativas. A Cornalina tem a capacidade de limpar outros cristais, portanto pode ser colocada num saquinho junto com as pedras roladas e as mantém limpas.

Neste estudo, procuramos fazer a analogia dos Orixás no seu perfil de influência em nossa personalidade com a energia curativa de cada cristal e pedra correspondente a essa mesma frequência vibratória, ou seja, o ponto de atuação do Orixá correspondente ao cristal.

Os Orixás e os Cristais Correspondentes

Oxalá: amor incondicional

Minerais: cristal de quartzo, diamante e howlita.

• Cristal de quartzo

Componente químico: Dióxido de silício.

O curador; traz clareza mental; ajuda a quem o usa a pensar de forma intuitiva. Trabalha todos os chacras.

Irradiador dos sete Raios, alimenta a todos os Orixás pela fé. Representa a luz divina em si. Desbloqueia os centros energéticos, redistribuindo a energia pelo corpo. Remove formas pensamento negativas. Auxilia a pessoa a ter foco e direção de vida, com base no chamado da alma.

É uma pedra de luz, trazendo percepção espiritual elevada. Fortalece a saúde de modo geral, tem efeito no estômago e aumenta a absorção de aminoácidos e proteínas.

É coadjuvante nos tratamentos de úlcera abdominal e da leucemia. Pode ser usado, também, em forma de elixir.

• Diamante

Componente químico: carbono puro.

Transporta altas frequências de energia que estimulam e abrem todos os chacras, em especial o da coroa. Fortalece a pessoa em situações de alta pressão. Encoraja a buscar a luz interior e a irradiá-la para fora, iluminando a densidade. Promove a verdade, a visão e o alinhamento com a mente superior. Purifica o campo de energia. Bom para pessoas ansiosas, inseguras ou com baixa autoestima.

• Howlita

Componente químico: sílico borato hidratado de cálcio. Pedra de efeito calmante, vibração suave.

Estimula a apreciação da beleza, da inspiração, da criatividade e da expressão artística. Ensina a paciência e ajuda a expurgar a raiva, a tensão interna. Favorece o sono e a meditação. Ajuda a estabelecer metas e a alcançá-las. Liga a dimensões espirituais superiores, auxilia o corpo físico na absorção de cálcio. Atua como excelente antídoto para a insônia, sobretudo para a mente hiperativa.

Iemanjá: respeito e amor

Minerais: água marinha, pedra da lua e abalone.

• Água Marinha

Componente químico: silicato mineral de alumínio e berílio. Limpeza de toxinas. Auxilia na comunicação. Aguça a intuição e permite uma melhor compreensão das nossas emoções. Acentua as qualidades femininas. Atua nas alergias e nas dificuldades de respiração. Aquieta o sistema nervoso. Pedra da libertação. Purifica o corpo emocional. Harmoniza e estabiliza os ambientes tumultuados; clareia a percepção e facilita o entendimento.

Fortalece os órgãos purificadores, como estômago, fígado, rins, baço e tireoide. Indicada nos casos de hepatite, inflamação da garganta e sinusite. É calmante para eczema, urticária, rosácea e psoríase. Ajuda as pessoas que estão perdidas em suas responsabilidades a "pôr ordem na casa". Desenvolve a paciência e a perseverança.

• Pedra da Lua

Componente químico: mineral feldspato, um silicato dealumínio e potássio.

Conhecida como a "gema da Alta Sacerdotisa", guardiã dos mistérios femininos, está associada ao feminino por sua habilidade em melhorar o lado intuitivo da mente. Percepção psíquica e intuição. Evoca a paciência e a ação adequada. Equilíbrio das emoções. Facilita a abertura para os assuntos espirituais, e sua frequência encoraja-nos a prestar atenção nos ciclos de nossas vidas. Estimula a glândula pineal e todos os seus processos, e ajuda a equilibrar as glândulas endócrinas, e a retenção de líquida.

• Abalone

Concha orgânica. Conhecida como dádiva do mar, traz fertilidade ao corpo e à mente. Está associada à cura, à serenidade e à calma. Purificação. Benéfica na formação e na proteção do tecido muscular, inclusive o músculo cardíaco, e favorece o sistema imunológico. Ajuda na assimilação de proteínas e caroteno. Criatividade, beleza e nutrição.

Xangô: Sabedoria e prudência

Minerais: jaspe marrom e vermelho, ágata de fogo, quartzo citrino e pedra do Sol.

• Jaspe marrom e vermelho

Componente químico: Dióxido de silício.

O Jaspe é conhecido como a suprema pedra nutriz. Estimula a honestidade. Inspira coragem para lidar com os problemas de forma mais assertiva. Transforma ideias em ação. Usada na cura, unifica todos os aspectos da vida. Traz esperança, renovação, revigoramento e energia. Fortalece o sistema imunológico e limpa a pele. Aterra a energia e retifica questões de injustiça. Dissolve bloqueios no fígado.

• Ágata de Fogo

Componente químico: Dióxido de silício.

A ágata é uma forma de calcedônia. Favorece o amor, aabundância, a longevidade, a harmonia, a proteção e a confiança. Induz ao relaxamento. Estimula a vitalidade. Constrói um escudo protetor ao redor do corpo. Dispersa o medo e traz conforto e segurança. Traz entusiasmo pela vida. É energizante para a alma e para o organismo. Abre os canais da criatividade.

- **Quartzo citrino**

Componente químico: dióxido mineral de silício – grupo do quartzo.

Por ser do elemento fogo, o citrino aumenta a clareza de pensamento. Capacita a pessoa a abrir-se completamente para as energias da vontade divina e o caminho do amor. O caminho do amor e da alegria se abre para o poder da vontade divina, porque é carregado com a energia do Sol. É extremamente benéfica. Traz abundância em todos os sentidos. Resolve situações para o bem maior. Excelente no combate da depressão e das tendências destrutivas. Desintoxica o sangue, ativa o timo e equilibra a tireoide. (Qualidade de Xangô Airá/Xangô com Oxalá).

- **Pedra do Sol**

Elemento fogo, frequência do raio solar representando a liderança iluminada e a habilidade para utilizar o conhecimento e sabedoria do bem maior de todos. Aquece e estimula o corpo emocional. Eleva as vibrações dos padrões emocionais.

No físico, aquece o corpo, estimulando o metabolismo, a digestão e a vitalidade.

A pedra do Sol é o *yang* que equilibra o *yin* da Pedra da Lua e, quando usadas juntas, trabalham em bela harmonia. (Qualidade de Xangô Agodô/Xangô das águas).

Observação: A labradorita (pedra de todos os Orixás) combina excepcionalmente bem com ambas essas pedras (do Sol e da Lua), trazendo a qualidade da magia e a manifestação do outro lado do véu – realização do propósito mais elevado da vida da pessoa.

Ogum: vontade e vitória Caminhos abertos

Minerais: olho de tigre, hematita, pirita.

• Olho de Tigre

Componente químico: dióxido de silício.

Equilíbrio entre extremos. Vitalidade, praticidade e ação física. Energiza o corpo para que se cumpram os imperativos da vontade. Quando é necessário perseverar por longo tempo, esforço duro e dificuldades intrincadas, usar ou carregar um olho de tigre pode fornecer à pessoa vigor para superar a fadiga e o desencorajamento.

É uma pedra de clareza mental. Ativa e aguça o intelecto, afiando a espada da lógica. Fazer escolhas com base no discernimento. Ajuda a pessoa a ver os dois lados em discordância. Proteção.

É um fortificante do sangue, sustentando a vitalidade geral; fortalece o sistema endócrino. O olho de tigre era muito usado pelos índios norte-americanos como símbolo de proteção.

• Hematita

Componente químico: óxido de ferro.

Aumenta a força de vontade, a confiança e a segurança. Estimula a concentração e o foco. É a mais eficiente de todas as pedras para aterrar a pessoa no corpo e no mundo físico. Ensina sobre a resolução das polaridades, o equilíbrio dos opostos e a manifestação da luz. Protege contra baixas de energia e de autoestima. Muito útil quando se precisa enxergar uma situação com clareza e realidade. O ferro desse mineral tem um poderoso efeito sobre o sistema sanguíneo. É excelente para a manutenção energética de recuperação de qualquer enfermidade do sangue e da produção sanguínea na medula óssea. Pode trabalhar para fortalecer o fígado e auxiliar nos processos de desintoxicação. Trata as cãibras nas pernas, a ansiedade e a insônia.

• Pirita

Componente químico: sulfeto de ferro.

Vitalidade, força de vontade, confiança e criatividade. Auxilia a pessoa a superar o medo e a ansiedade, e a estabelecer uma atitude "posso fazer" sobre qualquer coisa que decida tentar. Estimula a agir com assertividade.

Melhora o poder da vontade, auxiliando na superação de maus hábitos e criando novos padrões de saúde e energia positiva. Seu componente de enxofre ajuda a purificar o corpo de infecções e estimula a função endócrina adequada. O componente ferro foca o poder da pirita no sangue e nos tecidos, e combate doenças de pele, infecções por fungos e invasão celular por vírus. É muito positiva. Combate à inércia e os sentimentos de inadequação. Auxilia na criatividade; é calorosa e estimulante.

Iansã: movimento e mudança

Minerais: granada vermelha, calcita amarela/laranja e jaspe vermelho.

• Granada Vermelha

Componente químico: silicato de alumínio e magnésio.

Gera pensamentos positivos, inspiração e energia. Ajuda na limpeza do campo áurico, removendo elementos desarmoniosos que podem, inconscientemente, repelir os que, em vez disso, serão atraídos pelo ótimo padrão de energia da pessoa.

Enfatiza a criatividade e melhora o carisma.

Por ser uma granada, arrasta as realidades potenciais à manifestação. Portanto, deve ser usada com cuidado, porque aumenta a velocidade com que a intenção da pessoa adquire forma física. Ela movimenta as coisas, traz uma sensação de satisfação e alegria. Encoraja a pessoa a ir em busca de seus sonhos. Fortalece a saúde em geral. Purifica sangue e ativa a circulação sanguínea. Auxilia nos processos de anemia e nos tratamentos de cólicas menstruais. Ajuda a superar a depressão, a letargia ou a inatividade. Higieniza os pensamentos e auxilia na criatividade.

Habilidade para trazer ideias e conceitos à luz. Encoraja os empreendimentos criativos, a paixão física e a energia sexual. Manifestação, criação, concepção e nascimento. Otimismo e confiança.

- **Calcita Laranja**
Componente químico: carbonato de cálcio mineral.

Criatividade, sexualidade, jovialidade, confiança e inovação. Ajuda a eliminar os medos. Pessoas que estão quase "chegando lá", no seu objetivo, mas que, no fundo, têm medo de ser bem-sucedidas, porque acham que não darão conta das novas responsabilidades. Fortalece a memória e a concentração. Transporta energia solar. Encoraja em novos empreendimentos e ajuda a quebrar padrões desgastados. É excelente na recuperação da saúde e da vitalidade. Ajuda a superar a depressão, a letargia ou a inatividade. Higieniza os pensamentos e auxilia na criatividade.

- **Jaspe Vermelho**
Componente químico: dióxido de silício.

Manifesta ideias criativas. Pedra da força e da energia física. Proporciona um estímulo suave. Traz problemas à luz antes que eles se tornem grandes demais e favorece lampejos intuitivos sobre as situações mais difíceis. Retifica questões de injustiça. Fortalece e desintoxica o sistema circulatório. (Já citada no Orixá Xangô).

Oxum: amor doação

Minerais: quartzo rosa, opala rosa e rodocrosita.

- **Quartzo rosa**
Componente químico: dióxido de silício.

É a pedra da quintessência do Amor – amor por si, seu parceiro de vida, crianças, família, amigos, comunidade, a Terra, o Universo e o Divino. Curar o coração de suas mágoas e redespertar a confiança. Suas vibrações calmantes são um bálsamo para as emoções e acalmam e limpam todo o campo áurico. Para meditar, carregar, para manter no ambiente, o quartzo rosa é muito importante. É calmante para a mente, auxiliando a eliminar preocupações, medo, ansiedade e traumas emocionais passados.

Curar o coração de suas mágoas e redespertar sua confiança. Amor pela vida! O quartzo rosa é uma das pedras mais humildes e de elevada frequência vibratória. Volta o coração para o amor e banha o corpo, a mente e o espírito nessa frequência amorosa e iluminadora. Compreensão e compaixão. Pedra estabilizadora suave para usar para traumas e desequilíbrios no coração físico. As leves, porém penetrantes, vibrações do quartzo rosa dispõem favoravelmente o coração para a chegada do amor, sem inquietações, pois têm efeito calmante. Os órgãos de reprodução podem se tornar mais sadios. Aumenta a fertilidade.

• Opala Rosa

Componente químico: dióxido de silício hidratado. Grupo do quartzo. A opala é uma pedra muito delicada, com a vibração muito sutil.

Trabalha as emoções, pois reflete o corpo emocional. Representa o movimento, a expressão e também a criatividade. Auxilia a entrar em contato com o nosso "eu verdadeiro" e a expressá-lo. É uma pedra que absorve e reflete a energia. Acentua os traços de personalidade e traz à superfície essas características para que possam ser transformadas, porque estimula o senso do próprio valor. Propicia lucidez e espontaneidade.

É uma excelente pedra para a cura emocional, em especial das emoções ligadas à dor mantida no subconsciente. As opalas são, em geral, associadas com vidas passadas e o mundo dos sonhos, e esses são os lugares onde as antigas mágoas podem vir à tona. Elas limpam, portanto trazem paz e alívio para o coração, permitindo que o estresse, a mágoa e as tensões sejam descartados. Auxiliam as pessoas que têm medo, preocupações ou ansiedades excessivas. Estimulam os pulmões e a utilização do oxigênio pelo corpo. Também acalmam o coração.

- **Rodocrosita**
Componente químico: carbonato de manganês.

Cura emocional. Recuperação de memórias perdidas e dons esquecidos. Compaixão.

O rosa é a cor da expressão do amor, e a rodocrosita dirige o amor primeiro em direção ao eu, especialmente para o objetivo de cura emocional. Auxilia a fazer o trabalho de recuperação, alívio e liberação de memória das mágoas emocionais. Forma uma ponte entre os chacras inferiores do elemento fogo e os chacras superiores do elemento água. Assim, tem a capacidade de esfriar o calor emocional e fornecer insight em questões do coração e da vontade. Aliada principal na cura da criança interior. Encoraja a pessoa a agir com base no conhecimento de seu coração sem medo. Auxilia na expressão do amor e do afeto, e na busca da realização dos sonhos. Ideal para os desequilíbrios do sistema nervoso. Ótima aliada para abandonar a cafeína e outros estimulantes. A compaixão por si mesmo e pelos outros favorece a cura de mágoas passadas e traz alegria de ser.

Oxossi: o caçador de almas, o conselheiro

Minerais: Pedras verdes: quartzo-verde, amazonita, jade verde, turmalina verde, peridoto (olivina) e âmbar.

- **Quartzo verde**
Componente químico: dióxido de silício.

Fortalece a saúde em geral. Serve ao propósito de cura em todos os sentidos, equilíbrio. Auxilia na descoberta de fontes de abundância e prosperidade latentes no interior da pessoa e a expressá-las na vida. Estimula vitalidade de vida e de viver, a honrar a quem se é a partir do coração.

Restabelece as energias do corpo; tonificante sanguíneo, auxilia na circulação. Equilibra o físico, o mental e o emocional. Traz estabilidade – manter os pés no chão. Estimula a criatividade. Usada com quartzo rosa, harmoniza o chacra cardíaco e abre novos caminhos para o coração, curando velhas mágoas. Transmuta a energia negativa, inspira a criatividade e equilibra o sistema endócrino.

• Amazonita

Componente Químico: silicato de alumínio e potássio. Verdade, comunicação, harmonia.

É uma pedra da harmonia, tanto no interior do ser quanto entre as pessoas. Desperta a compaixão, pela estimulação do chacra do coração. Amplifica nossas intenções e, por trabalhar pelo chacra da garganta, essas intenções devem ser faladas em voz alta. A Amazonita ensina-nos a falar a verdade e a fazer acontecer o que falamos. Encoraja a honestidade, a integridade de expressão e a abertura, ao mesmo tempo em que aprendemos a confiar e a libertar-nos dos preconceitos. Regula e amplia o poder do pensamento.

Auxilia na cura física de muitas doenças. É útil na regeneração celular e cura após traumas e ferimentos. É excelente contra gota e artrite. Auxilia a equilibrar a tireoide e a glândula suprarrenal, sobretudo quando essas glândulas estão sobrecarregadas por estresse excessivo e repressão. Tranquiliza o cérebro e o sistema nervoso, além de alinhar o corpo físico com o corpo etérico, mantendo uma saúde perfeita. Filtra as informações que passam pelo cérebro e as combina bem com a intuição. Suaviza os traumas emocionais. Alivia a preocupação e o medo. Ajuda na manifestação do amor universal.

• Jade Verde

O nome jade é compartilhado por dois minerais distintos: a nefrita, que é um silicato de cálcio e magnésio e a jadeíta, que é um silicato de sódio e alumínio.

Traz saúde, cura e proteção.

O jade verde é uma pedra com um coração de cura e uma pedra para a cura do coração. A sua cor é o verde puro do chacra do coração; suas energias são tão fortes e constantes que propiciam bem-estar e equilíbrio quase imediatamente após tocá-lo. É uma pedra clássica da abundância. Traz a energia da terra e da realização, promovendo a harmonia nos negócios e nos relacionamentos. Auxilia a pessoa a aprender a ter prazer na vida física. Ajuda a compreender que o sacrifício é uma ilusão e que não existe ganho nem perda para o espírito. De forma objetiva, ajuda a curar a mentalidade da escassez, da dificuldade, do medo da pobreza e da avareza, ou seja, dos sintomas da crença no dinheiro como medida de valor.

Ajuda a pessoa a libertar-se de pensamentos e energias negativas, pois acalma a mente e faz que as tarefas cotidianas pareçam mais fáceis. Traz equilíbrio entre as energias *yin*/feminino *e yang*/masculino. Estimula o fluxo de energia por todo o corpo físico.

O jade nefrita verde é um poderoso terapeuta do coração físico. A jadeíta verde oferece apoio para a desintoxicação e a regeneração dos tecidos após trauma ou cirurgia.

O jade trata os rins e as glândulas suprarrenais, elimina toxinas. Atua sobre o baço.

• Turmalina verde

Componente químico: boros silicato de alumínio.

Cura, força, vitalidade e bem-estar. Esta é uma das principais pedras que promovem a autocura. Ela favorece maior habilidade na comunicação; desenvolve sentimentos de compaixão e amorosidade. Aumenta a criatividade. Centra as energias do chacra do coração e está mais ligada às vibrações da vida física. Ajuda a acalmar o sistema nervoso e as emoções, e facilita o fluxo apropriado de energia de cura pelo corpo. Favorece o sono e aquieta a mente. Muito útil para combater o medo de mudança ou a regulação excessiva da vida e dos hábitos. Trata os olhos, o coração, o timo, o cérebro e o sistema imunológico. Desintoxicante eficaz; também pode reduzir a claustrofobia e os as crises de pânico. Ameniza o cansaço físico e alivia a tensão muscular.

É ideal para canalizar os poderes curativos da natureza, porque sintoniza a pessoa com as energias da Terra na medida que abre o coração e estimula a ligação com o amor divino.

• **Peridoto (olivina)**
Componente químico: silicato de ferro e magnésio.

Incremento, prosperidade, calor e bem-estar. É um poderoso purificador. Sua vibração traz uma sensação interna de calor e bem-estar, como a do Sol em um dia de primavera. Ajuda a ativar os 3° e 4° chacras, criando uma integração entre amor e vontade. Ajuda a ter coragem para agir com base nos desejos do coração e a ser generosos com os outros, mesmo quando buscamos nossos destinos individuais. Favorece a liberdade pessoal, diminuindo a depressão e promovendo maior receptividade aos assuntos espirituais.

É uma pedra de abundância espiritual e financeira, e pode ajudar na atração e na criação de nossas visões interiores mais significativas. Restabelece um sentido de valor próprio; aquieta os medos do espírito, permitindo que a pessoa siga em frente em seu caminho evolutivo. É um gerador poderoso da frequência do incremento, podendo ser o incremento da saúde, da riqueza, da alegria e do bem-estar emocional. Permite que se expanda suavemente a habilidade de receber do Universo, aceitando seu direito de nascença a uma abundância completa em todos os âmbitos da vida.

No físico, pode ser usado para aliviar o peso no coração e todos os tipos de desequilíbrio relacionados a ele. Tem efeito tônico. Cura e regenera os tecidos. Ajuda a fortalecer o sangue e pode ser usada para combater a anemia e a oxigenação pobre. É uma pedra excelente para ser usada na recuperação de vício em tabaco e inalantes. Gratidão pela abundância e prosperidade que o Universo oferece. Inspira a cura, a renovação, a purificação, o renascimento e o crescimento.

- **Âmbar (sucinita)**

Componente Químico: resina fóssil de pinheiro cristalizada. Uma mistura de hidrocarbonos.

É muito comum encontrar em seu interior insetos, sementes e outros resíduos de natureza pré-histórica. A grande magia do âmbar reside na sua enorme antiguidade. Quando lembramos que as árvores, de cuja seiva se formou o âmbar, foram organismos vivos há aproximadamente 50 milhões de anos, não podemos deixar de pensar em como somos efêmeros. É uma pedra curativa, de assentamento, em harmonia com as energias da Terra. Emite vibrações lentas e suaves, reagrupando as energias dispersas, trazendo foco e equilíbrio aos corpos sutis. É um poderoso agente de cura e purificador que absorve a indisposição do corpo e promove a revitalização dos tecidos. Também purifica os ambientes e os chacras. O âmbar nos traz calor; suas energias são muito solares e têm a qualidade de criar uma sensação confortável de calor, saúde e bem-estar. Integra as energias de luz no corpo físico e é um apoio excelente para a cura energética. Ajuda as pessoas que se tornam depressivas no inverno por causa da privação da luz. Alivia o estresse. Na forma de elixir e para curar feridas, é um excelente antibiótico natural. Trata o estômago, o baço e os rins. Inspira tranquilidade e aumenta a confiança.

Nanã Buruquê: calma e misericórdia

Minerais: Ametista, Tanzanita e Cacoxenita.

• Ametista

Componente Químico: dióxido de silício – Grupo dos quartzos. Proteção, purificação e ligação divina.

A tonalidade tem influência na sua atuação. A cor mais clara (lavanda) é excelente para a meditação. É uma das pedras mais importantes, pois é a mais espiritual e está associada à humildade, porque abre caminhos para uma visão objetiva de si mesmo e anima a buscar a verdade interior, sem julgamentos prévios ou preconceitos.

A sua bela luz roxa combinada com sua energia elevada estimula a mente e as habilidades intuitivas e psíquicas.

Atua nas mágoas guardadas, na raiva e nas emoções fortes, que causam danos à aura e destroem a alegria. Seu uso é indicado para aqueles que sofrem por terem sido abandonados e também para aliviar a dor e a tristeza causadas pelo desencarne de um ente querido. Uma vez que suas fortes vibrações se comunicam diretamente com o espírito, é ideal para se meditar sobre a experiência da "passagem", a qual chamamos de morte.

Ajuda a fazer a limpeza por meio da modificação na faixa vibratória, uma abertura para o perdão incondicional, para que se faça ligação com a fonte primordial de amor, equilíbrio e saúde.

Coadjuvante nos tratamentos de obesidade – por ajudar a dissolver o tecido adiposo (pode ser usada junto com o citrino – elixir). Atua na eliminação dos vícios, sobretudo do alcoolismo, de onde vem seu nome (ametil). Ela empresta clareza de mente e torna mais difícil para o álcool, as drogas e outros vícios alterarem o humor da pessoa.

No trabalho de cura, ajuda a compreender a causa-raiz de sua doença ou desequilíbrio. Sua habilidade para conceder clareza ajuda-a a identificar as crenças, os comportamentos e os hábitos perniciosos que trouxeram desequilíbrio energético para o domínio físico. Ajuda nos sintomas de zumbido nos ouvidos e nas desordens nervosas.

Reforça a produção de hormônios e fortalece os órgãos responsáveis pela limpeza do sangue, pelo sistema imunológico e pelo metabolismo. Purifica e protege por meio da ligação com o Divino.

- **Tanzanita (zoisita azul)**

Componente químico: silicato de cálcio e alumínio. Conexão da mente e autoexpressão compassiva, adesão à verdade. Alinha o coração e a mente, permitindo uma experiência da espiritualidade mais equilibrada e centrada. Pedra da transmutação em sintonia com a chama violeta, tem vibrações muito elevadas. Combate a depressão e a ansiedade, devolvendo a autoconfiança e o equilíbrio. Acalma a mente e fortalece o cabelo, a pele, a cabeça, a garganta, o peito, os rins e os nervos. Acalma a tireoide hiperativa ou suprarrenal exaurida.

Auxilia na descoberta da verdadeira vocação, trazendo proteção e segurança. Trabalha o chacra coronário para canalizar com as energias espirituais superiores. Ajuda na cura de problemas relacionados às vidas passadas. A tanzanita auxilia a pessoa a sentir-se mais compassiva, amorosa e centrada. Gera uma energia de felicidade e alívio das preocupações.

- **Cacoxenita**

Componente químico: dióxido de silício.

Alinhamento com o plano divino, limpeza e purificação espiritual, regeneração do corpo. A cacoxenita em quartzo promove a expansão dos chacras da coroa e frontal. Essa expansão da consciência ajuda na cura da ruptura percebida entre os reinos físico e espiritual. A cacoxenita encontrada na Ametista ajuda na reprogramação das células, para que se renovem continuamente e resistam ao propósito do envelhecimento. Limpa a negatividade ajuda a alinhar a vontade pessoal com a vontade divina. É útil para os problemas estomacais, digestivos e de assimilação de nutrientes.

Omulú: Orixá da transformação, agente cármico a que todos os seres vivos estão subordinados

Minerais: ametista, turmalina preta, cianita preta (vassoura de bruxa).

• Turmalina negra

Componente químico: boros silicato de alumínio de composição variável.

Limpa os ambientes e as pessoas das energias densas. Transmuta energias negativas e formas-pensamentos. Sua ação é notória na reconstituição das auras danificadas pelo efeito prolongado de influências de obsessores. É indispensável em qualquer fórmula de renovação de energias, tanto em casa como no local de trabalho, em hospitais, clínicas, delegacias etc., ou seja, ambientes altamente comprometidos por baixo teor vibratório.

Proteção, limpeza astral, ajuda nos processos de ansiedade e de estresse. Fortalece o sistema imunológico, trata a dislexia e a artrite, alivia a dor e realinha a coluna vertebral. Doenças debilitadoras prolongadas. Muito boa em casos de má nutrição, problemas de circulação, tendões e ligamentos, bem como má oxigenação.

Alivia tensão. Colabora para o crescimento interior. Combinada com o cristal de quartzo, contribui para desbloquear e para facilitar os processos interiores. Também protege contra, a neblina eletromagnética e a radiação de telefones celulares. Elimina os pensamentos negativos.

• Cianita preta (Vassoura de Bruxa)

Componente químico: silicato de alumínio.

Limpa as energias bloqueadas em qualquer chacra e recarrega o sistema de meridianos. É muito útil em cura energética, porque limpa, equilibra e traz um fluxo desimpedido por meio de todos os sistemas da pessoa. Ensina a pessoa a experimentar consciência interdimensional sem perder sua ligação com a Terra. Limpa também os ambientes.

O que é e quem é Exu na Umbanda?

As entidades que atuam como Exus são como guardiões e zeladores de nossos caminhos (nossas encruzilhadas cármicas). A vibração dessa linha atua numa faixa de retificação evolutiva, fazendo que, muitas vezes, sua atuação seja confundida com o mal, o que não é de forma alguma verdadeiro. Ocorre que todos nós estamos imersos numa linha de continuidade temporal, ou seja, "mergulhados" no processo de reencarnações sucessivas, pertencentes a um ciclo evolutivo neste planeta, entendido como estágio humanizado do espírito.

Outras formas de corpos físicos e astrais existem na imensidão de orbes no cosmo. Temos de direito à vida num planeta e corpo afim com nossas vibrações, que, por sua vez, vão sendo lapidadas num constante efeito de retorno gerado por causas anteriores. Esse é o ponto central de atuação de Exu, pois os espíritos que operam nessa vibratória nos enxergam "desnudos", sem esses envoltórios ilusórios que recheiam o espírito a cada encarnação.

Assim, se um Exu atua numa faixa de correção, muitas vezes no escopo de seu trabalho, alguém vai sofrer alguma mazela por puro efeito de justo retorno. Por exemplo, pessoas que foram muito ricas e despóticas em vidas passadas, na atual encarnação, encontrarão dificuldades para o ganho financeiro. Nesses casos, então, Exu não irá facilitar em nada essa situação, agindo dentro de uma linha justa de intercessão. Se a criatura fizer um trabalho de magia negativa para conseguir um emprego, prejudicar alguém e o prejudicado procurar um terreiro de Umbanda, pode-se ter certeza de que o contratante do trabalho terá como retorno todo o manancial cármico que distorceu intensificado, por um justo mecanismo de compensação cósmica, que foge ao nosso controle.

Então, o que acontecerá depois cabe a Xangô (a justiça) determinar. A Exu cabe apenas executar à risca as Leis Divinas. Parece duro, mas aprendemos com o tempo que as coisas funcionam desse modo, independentemente do que se entende como Exu ou não.

Os espíritos que manejam e atuam na vibração de Exu são calejados nas lides e psicologia da vida, e desprovidos de sentimentalismos na aplicação da Lei Cármica. Entendemos que, sem essa vibratória, o planeta seria uma barafunda, e os magos do Astral inferior já teriam instalado o caos na Terra. Imagine todos os presídios de portas abertas, sem guardas, e as cidades sem policiamento ostensivo e sem delegacias ou quartéis militares?

Há de se ter bem claro que Exu não faz mal a ninguém, ao menos os verdadeiros. Quanto a espíritos embusteiros e mistificadores que estão por aí, encontram sintonia em mentes desavisadas e sedentas por facilidades de todas as ordens. É muito fácil se fazer passar por Exu. A própria mística envolvida entre o bem e o mal, a moral e os costumes que mudam em cada época, associada ao senso de urgência das criaturas, fazem com que entidades oportunistas se valham do mediunismo para "favorecer" a vida daqueles que os cultuam e gradam.

Os Exus atuam diretamente em nosso lado sombra e são os grandes agentes de assepsia das zonas umbralinas. Em seus trabalhos, cortam demandas, desfazem feitiçarias e magias negativas feitas por espíritos malignos, em conluio com encarnados que usam a mediunidade para fins nefastos. Auxiliam nas descargas, retirando os espíritos obsessores e encaminhando-os para entrepostos socorristas nas zonas de luz no Astral, a fim de que possam cumprir suas etapas evolutivas em lugares de menos sofrimento.

Na Umbanda, autorizados dentro da Lei de Causa e Efeito, e com o merecimento conquistado por aqueles que estão sendo amparados por suas falanges, os Exus realizam as seguintes tarefas:

• desmancham e neutralizam trabalhos de magia negativada para prejudicar;

• desfazem formas-pensamentos mórbidas;

• retêm espíritos das organizações trevosas e desfazem habitações dessas cidadelas;

• removem espíritos doentes que estão vampirizando encarnados;

• retiram aparelhos parasitas;

• reconfiguram espíritos deformados em seus corpos astrais;

• desintegram feitiçaria, amuletos, talismãs e campos de forças diversos que estejam vibrando etericamente causando enfermidades variadas;

• atuam em todo campo da magia necessário para o restabelecimento e o equilíbrio existencial dos que estão sendo socorridos, doa a quem doer, em conformidade à verdade, por determinação dos Tribunais Divinos – Xangô.

Há de se considerar que a função de guardião de Exu por vezes se confunde de tal maneira que acaba prevalecendo em certos agrupamentos, como se Exu fosse só guardião. É verdade que Exu guarda as passagens, as encruzilhadas, as portas de entradas, as tronqueiras externas e internas de centros espiritualistas, igrejas, templos religiosos diversos, hospitais, cemitérios, terreiros de Umbanda, fraternidades espíritas etc. Assim como Exu também guarda as ruas, as quadras e quarteirões, os bairros, as cidades, os países, as nações, o planeta, mas é muito mais que guardião.

Exu atua, também, nas descargas energéticas, na decantação vibratória de espíritos densos que ficam retidos eu seu campo de atuação em sítios vibracionais astro-magnéticos ligados ao ar, à terra, ao fogo ou à água, até que possam ser deslocados para outras instâncias espirituais. No vasto campo de mediunismo de terreiro, cada médium tem seu Exu individual, que zela e o protege de entidades e fluidos malfazejos. É preciso esclarecer que Exu também tem função de aconselhamento espiritual, pois muitas casas fazem sessões de caridade com Exus, como fazemos no Grupo de Umbanda Triângulo da Fraternidade. Necessariamente, o Exu que incorpora durante as engiras de aconselhamento não é o mesmo Exu individual, assim, como de uma maneira geral, é outra entidade que atua nas descargas ou nas limpezas do corpo espiritual do médium.

A nosso ver, o Exu individual é o próprio "anjo" guardião do medianeiro. Esquecemos, por não nos lembrarmos ordinariamente, que saímos do corpo físico todas as noites. Durante esse fenômeno natural, de desprendimento do corpo astral, que se projeta para fora do corpo humano, muitas vezes somos amparados e conduzidos em tarefas socorristas, auxiliando àqueles mesmo consulentes e obsessores desencarnados que são atendidos no terreiro. Nessas ocasiões, o ectoplasma do medianeiro é o "combustível" para todas as tarefas e funções que os espíritos mentores realizam conjuntamente – preto(a) velho(a), caboclo, orientais, ciganos, boiadeiros etc. – nas diversas formas de apresentação que adotam.

O médium é todo o tempo "vigiado" por seu Exu individual, que tem compromisso cármico e de tarefa assumida diante à Lei Divina sob a égide de Umbanda, para que sua saúde psicofísica e sua sanidade mental sejam mantidas. Assim, Exu abre e fecha as nossas portas, ampara-nos nas saídas e entradas no corpo físico, pois quando voltamos dos trabalhos em desdobramento, a maioria não se recorda, uma vez que o cérebro físico jaz inerte com o corpo de carne na cama junto ao travesseiro, não tendo vivenciado as experiências, e, por isso, não fica registro em seu centro orgânico de memória. Nesses casos, cabe ao nosso Exu individual nos proteger, mantendo nossa integridade mediúnica. Por isso, somente no trabalho continuado, com pertencimento no agrupamento mediúnico, firma-se Exu em nosso costado. Nenhum livro, curso ou conhecimento faz isso.

Vamos abrir um pequeno "parêntese" para falarmos um pouco do estudo associado à vivência no terreiro, a nosso ver, indispensável para a "feitura", o preparo e a formação do médium umbandista. Somos de opinião de que todas as comunidades umbandistas deveriam incentivar o estudo para a sua comunidade, médiuns trabalhadores, frequentadores e simpatizantes. Independentemente dos meios para se estudar, cada um deve ser movido por uma inquietude de busca de educação anímico-consciencial, ampliando continuamente sua espiritualidade. Aos que são médiuns e o sabem disso, defendemos a opinião de que o saber vivenciado se alcança com pertencimento às comunidades terreiro, praticando-se a teoria estudada.

A formação de um médium seguro e firme nunca é rápida. Pode se dar sem estudo e só com a prática, mas nunca ocorrerá só com o estudo sem a prática. O equilíbrio está em estudar, seja onde for, e se praticar estando vinculado e pertencendo a um terreiro. Pertencer é sentir-se fazendo parte de uma egrégora, de uma família espiritual. Fazer parte é confiar e respeitar a casa e o grupo que te acolhem, ao mesmo tempo em que confiam em você, te respeitam e te fazem sentir-se acolhido.

Mesmo Jesus, o espírito mais excelso que encarnou na Terra, só começou sua missão hercúlea depois de reunir os 12 apóstolos, formando uma comunidade iniciática que praticava e estudava reunida, por meio da oralidade do Mestre. O Sublime Peregrino nunca curou sozinho e, mesmo na cruz, pregado e açoitado com a coroa de espinhos a fincar-lhe a cabeça, rasgando-lhe a carne, não esteve só e distante.

Voltando ao nosso tema e concluindo o capítulo, assim é Exu: por vezes incompreendido; noutra oportunidade, temido; em tantos outros encontros, amado; em certos desencontros, odiado, numa suposta ambiguidade para nós, por não conseguirmos entender toda a amplitude de seu trabalho, mas sempre honesto, franco, alegre, feliz, direto no que tem a nos dizer e incansável combatente da inverdade e da hipocrisia que o próprio homem alimenta no mundo.

Portão de ferro, Cadeado de madeira,
No portão do cemitério,
Vou chamar Tatá Caveira

Muitos de nós agimos como se estivéssemos atrás de um portão de ferro. São as aparências, o sucesso, a ascensão social, os bens, o *status*, os títulos acadêmicos, enfim, colocamo-nos de forma férrea valorizando o que temos, o que adquirimos, o que aparentamos para a sociedade e como somos percebidos é o que vale e nos alimenta a existência.

Esquecemos que temos cadeado de madeira. Ficamos num corpo físico algumas poucas décadas, envelheceremos, nada possuímos no mundo; nem os dentes da boca levamos conosco quando voltamos à verdadeira pátria.

Não somos melhores que ninguém e o nosso senso comum de evolução e melhoramento é tão pueril e passageiro quanto o nosso corpo físico. São nossos cadeados de madeira que facilmente se arrebentam, escancarando o portão de ferro que construímos com nossas ilusões.

O ponto cantado fala disso e quem é um Tata já venceu a si mesmo, por isso ele é chamado, para, em nossa passagem derradeira, nos levar ao lugar que é nosso de direito, sem interferências. Assim, refletiremos com tempo de sobra sobre nossa vida material que findou.

Sem posses, sem bens, sem os títulos da Terra, sem um corpo físico, para onde iremos quando o nosso cadeado de madeira arrebentar?

Jogo de Búzios - Merindilogun

Adotamos o jogo de búzios, realizado com 16 cauris (conchas do mar) africanos, que são jogados sobre uma peneira de palha levemente côncava, não tem a finalidade de predição, ou seja, antecipar possíveis ocorrências futuras. Chama-se Merindilogun, exatamente pelo fato de Merindilogun significar dezesseis. Entendemos arte divinatória ou divinação como o ato de nos conectarmos com o Divino que tem dentro de nós, nosso Ori, núcleo intrínseco do espírito, que traz nossos registros de vidas passadas e a programação da vida presente. É a busca da ligação com o Eu Superior ou Crístico de cada um.

O processo de divinação para nós é "acessar" o divino de cada médium e "diagnosticar" o seu Eledá – regência dos Orixás –, ato litúrgico individualizado que faz parte do autoconhecimento por dentro da religiosidade com os Orixás. Claro está que a compreensão dessas forças divinas que nos influenciam pode nos conduzir a fazer inferência sobre nossos caminhos futuros. Se vamos percorrê-los adequadamente, dando os passos certos, depende da reflexão e do esforço pessoal de cada um de nós.

Os búzios são conchas do mar e têm uma "boca" de frente ou abertura natural. Quando este lado cai para cima, consideramos aberto; ao contrário, quando a lombada – a parte de trás – está para cima, consideramos fechado. As combinações de 0 a 16, ou seja, de todos fechados a de todos abertos, totalizam os 16 signos principais de Ifá utilizados no Merindilogun, denominados Odús.

Os Odús não são destinos irremediáveis, deterministas, mas um rico sistema milenar da filosofia religiosa do povo nagô e de suas crenças nos Orixás que, por sua vez, estão enraizados em muitos terreiros de Umbanda que se utilizam do sistema oracular divinatório iorubano. Em verdade, eles são tidos como formas de respostas oracular, em que o sacerdote – Babalaô –, o Pai de Segredo, constitui de forma sistemática a leitura dos Odús – ou "destinos" – denominados caminhos onde o sistema do oráculo se baseia num sem número de mitos conhecidos como Itàn Ifá.

Nesse sistema, a mitologia dos Orixás é extremamente importante como fator estruturante de aspectos humanizados das existências em todas as suas fases, desde o período antes do nascimento até após a morte carnal, cujas regras encaminham o homem para o equilíbrio existencial no presente ou o "molestam" para que encontre o seu caminho o quanto antes, a sua verdadeira vocação ou missão reencarnatória. Claro está que o exercício do livre-arbítrio e as ações implementadas na "luta" da existência humana da atualidade têm influência nos rumos de cada ser, e os sacerdotes sérios saberão identificar a correta interpretação individual dos Odús, nunca afirmando "é destino, não tem jeito", assim como Jesus orientava sem destruir a lei.

Ifá é o sistema divinatório dos antigos Babalaôs (Pais de Segredo) nagôs. É o sistema mais adotado no Brasil e que se manteve pujante, tendo cada vez mais penetração na Umbanda, embora não sejam todos os terreiros que o adotam. Antigamente, na África, eram necessários muitos anos de preparo com estudo nas confrarias dos Babalaôs para ser legitimado como um olhador. Infelizmente, hoje em dia, mesmo entre os nigerianos, resta pouco mais de 5% da população que é adepta da religião de matriz iorubana.

NOTA DO AUTOR: Temos que esclarecer sobre os métodos ou sistemas divinatórios utilizados: o Babalaô (pai que possui o segredo) é o sacerdote do Culto de Ifá. Ele é o responsável por rituais e iniciações; todos no culto dependem de sua orientação e nada pode escapar de seu controle. Por garantia, ele dispõe de três métodos diferentes de consultar o Oráculo e, por intermédio deles, interpretar os desejos e as determinações dos Orixás: Òpelè-Ifá, Jogo de Ikins e Opon-Ifá, tábua sagrada feita de madeira e esculpida em diversos formatos, redonda, retangular, quadrada, oval, utilizada para marcar os signos dos Odús (obtidos com o jogo de Ikins) sobre um pó chamado Ierosum, método divinatório do Culto de Ifá utilizado pelos Babalaôs. Irofá é o instrumento utilizado pelo Babalaô durante o Jogo de Ikin, com o qual bate na tábua Opon-Ifá, com a finalidade de chamar a atenção de Odú para si, entre outras. O Òpelè-Ifá ou Rosário de Ifá é um colar aberto composto de um fio trançado de palha-da-costa ou fio de algodão, que tem pendente oito metades de fava de opele; é um instrumento divinatório dos tradicionais sacerdotes de Ifá. Existem outros modelos mais modernos de Òpelè-Ifá, feitos com correntes de metal intercaladas com vários tipos de sementes, moedas ou pedras semipreciosas. O jogo de Òpelè-Ifá é o mais praticado, por ser a forma mais rápida, pois a pessoa não necessita perguntar em voz alta, o que permite o resguardo de sua privacidade. Também de uso exclusivo dos Babalaôs, com um único lançamento do rosário divinatório, aparecem duas figuras que possuem um lado côncavo e outro convexo que, combinadas, formam o Odú. O Jogo de Ikin é utilizado em cerimônias relevantes de forma obrigatória, ou igualmente de modo usual, vai de cada Babalaô o seu uso, sendo uso restrito e exclusivo dos mesmos Babalaôs

O jogo compõe-se de 16 nozes de um tipo especial de dendezeiro Ikin, manipuladas pelo Babalaô com a finalidade de se configurar o signo do Odú a ser interpretado e transmitido ao consulente. São colocados na palma da mão esquerda e com a mão direita, rapidamente o Babalaô tenta retirá-los de uma vez com um tapa na mão oposta, no intuito de se obter um número par ou ímpar de Ikins em sua mão. Caso não sobre nenhum Ikin na mão esquerda, a jogada é nula e deve ser repetida. Ao restar um número par ou ímpar de Ikins em sua mão, serão feitos dois ou um traço da composição do signo do Odú que será revelado pelo sistema oracular. A determinação do Odú é a quantidade de Ikin que sobrou na mão esquerda. O mesmo será transcrito para o Opon-Ifá sobre o pó do Ierosum, que deve ser riscado sobre o Ierosum que está espalhado no Opon-Ifá; para um risco, usa o dedo médio da mão direita e, para dois riscos, usa dois dedos, o anelar e o médio da mão direita. Deverá repetir a operação quantas vezes forem necessárias, até obter duas colunas paralelas riscadas da direita para a esquerda com quatro sinais, formando, assim, a configuração do signo de Odú. O oráculo consiste em um grupo de cocos de dendezeiro ou búzios, ou réplicas destes, que são lançados para criar dados binários, dependendo se eles caem com a face para cima ou para baixo. Os cocos são manipulados entre as mãos do adivinho e, no final, são contados, para determinar aleatoriamente se uma certa quantidade deles foi retida. As conchas ou as réplicas são frequentemente atadas em uma corrente divinatória, quatro de cada lado. Quatro caídas ou búzios fazem um dos 16 padrões básicos (um Odú, na língua iorubá); dois de cada um deles se combinam para criar um conjunto total de 256 Odús. Cada um desses Odús é associado com um repertório tradicional de versos (Itan), frequentemente relacionados à Mitologia Ioruba, que explica seu significado divinatório. O sistema consagrado aos Orixás Orunmila Ifá, aos Orixá da profecia e a Exu que, como o mensageiro dos Orixás, confere autoridade ao oráculo. O primeiro umbandista a escrever sobre Ifá no Brasil foi o sacerdote W.W. da Matta e Silva, conhecido como Mestre Yapacani, que já descrevia, em 1956, um dos inúmeros sistemas de Ifá em suas obras. Posteriormente, Roger Feraudy, Babalaô (Pai de Segredo) de fato e de direito, também escreveu sobre os sistemas divinatórios em suas obras.

O "poder" que o olhador tem para interpretar corretamente a caída dos búzios, que tem várias possibilidades de interpretações, se abertos ou fechados, se amontoados entre si de um jeito ou de outro, se em barracão (caídas abertas em locais diferentes da peneira separados por búzios fechados), entre tantas outras que não é a finalidade desta obra aprofundarmos, depende inexoravelmente de aprendizado e estudo, mas isso não é ainda o suficiente.

É indispensável que o sacerdote olhador de Ifá tenha o devido preparo astral, ocorrência antes de sua atual reencarnação. Isso se dá nas Escolas de Umbanda existentes no Plano Espiritual e concomitantemente à vida passada experienciada em solo africano. Existe uma linha de continuidade iniciática que impõe que o recebimento dos búzios seja feito em ritual de passagem, conduzido por um sacerdote mais antigo.

A disposição dos Orixás na peneira segue uma lógica, como se fossem duas cabaças que se unem e formam o planeta Terra – o Plano Espiritual e o material interpenetrados –, irradiada pelas vibrações sagradas dos Orixás. É possível combinar com os Guias Astrais alguns detalhes do método que o olhador adota, havendo variações, mas não a ponto de uma descaracterização dos procedimentos ou da epistemologia original contida nos versos e nos provérbios da Sabedoria de Ifá. Há que se comentar que a ligação entre o sacerdote que está jogando e os Orixás como forças divinas é realizada por Exu, o elo de comunicação, que leva e traz as informações.

Não tem como ser um olhador do jogo de búzios e fazer as interpretações corretas, sem erro, se não houver potencialidades anímicas desenvolvidas, como a clarividência – ver o mundo astral –, clariaudiência – escutar o mundo astral –, e finalmente senciência – a capacidade de sentir –, sentimento, emoções, dores, tanto de seres desencarnados como das humanas criaturas etc. Embora não haja incorporação mediúnica durante o jogo, não temos como afirmar que todo o processo não seja amparado pela mediunidade.

Primeiramente, existem entidades astralizadas que são os verdadeiros leitores de Ifá; segundo, é indispensável a mediunidade de efeito físico. Os chacras palmares do médium são sensibilizados antes de sua encarnação, diretamente nos centros de forças correspondentes no perispírito, fazendo que exsudem fino ectoplasma pelas suas mãos, que servem de meio de ligação para que os Guias Astralizados procedam a movimentação dos cauris quando são lançados. Isso é o sentido esotérico profundo de ter a "mão de Ifá". O ritual de confirmação e passagem dos búzios, aplicado por um sacerdote mais antigo e igualmente possuidor da "mão de Ifá", é como se fosse um "selo de garantia", ou seja, não basta fazer um curso e participar de um rito de consagração ao final, se, de fato, o candidato a sacerdote de Ifá não tiver as aptidões reais, marcadas e sensibilizadas em seu corpo astral antes de sua atual encarnação.

Comumente é Exu o responsável técnico pelo jogo, procedendo aos impulsos etéreos astrais com o ectoplasma "materializado", forjando movimento nas conchas ou nos búzios, fazendo-os cair em conformidade com a verdade dos fatos. São recursos mediúnicos indispensáveis para a leitura adequada do Ori e demais fatos pertinentes à arte divinatória de Ifá na Umbanda. Somente assim acreditamos que é possível um jogo sério, com acuidade, efetividade e destreza. Lamentavelmente, vemos muitos indivíduos despreparados utilizando-se da boa vontade dos inocentes que os procuram.

Vamos falar um pouco dos Odús, que fazem parte de um amplo e complexo sistema de 256 signos principais, que significam caminhos que mostram vários aspectos da vida (nada a ver com determinismo) e do espírito para que o ser humano encontre e supere seus desafios, suas dificuldades que aparecem ao longo da sua programação cármica da presente encarnação. Portanto, a data de nascimento tem grande importância, pois, por meio dela, é possível saber o Odú de nascimento, que está relacionado a um ou mais Orixás, sendo confirmado no jogo ou não. Para nós, a legitimidade do jogo prevalece sobre qualquer possível método de apuração pela data de nascimento ou pela numerologia, que servem como acessórios ao olhador, mas em hipótese alguma devem superar o ato litúrgico de jogar os búzios.

Podemos afirmar que os Odús, códigos siderais, são baseados na matemática divina e na lei de probabilidades, pois certas ocorrências se repetem em nossas existências. Tudo está registrado na contabilidade da Mente Universal, cada indivíduo traz um Odú de origem e cada Orixá é "governado" por um ou mais Odús. Cada Odú possui nome e características próprias, e divide-se em "caminhos", onde estão correlacionados a mitos conhecidos como Itan, que são os provérbios ou escrituras sagradas de Ifá (termo em iorubá para o conjunto de todos os mitos, canções, histórias e outros componentes culturais dos iorubás – passados oralmente de geração a geração e na atualidade já existem consistentes registros etnográficos escritos para pesquisa).

Os Odús são os principais responsáveis pelos destinos dos homens e do mundo que os cerca, e cada um de nós, quando da elaboração do nosso plano de vida encarnatório, ficou imantado a essas forças, para que pudéssemos evoluir por meio do esforço pessoal, tornando-nos cidadãos melhores, homens de bem e indivíduos de bom caráter. Os Orixás não mudam o destino da vida, mas executam suas funções na natureza "liberando" certas energias no Ori – cabeça – do indivíduo, para que consiga se harmonizar com os efeitos que ele traz consigo – carrego cármico – de causas passadas, que ele mesmo gerou e é responsável.

Não existe um determinismo ou destino inflexível. Assim, cada consciência pode ir de encontro ou seguir um caminho alheio ao destino – plano de vida – estabelecido, como ter renascido para ser médium na caridade e mudar de ideia, passando a ganhar dinheiro por meio de consultas pagas. Neste caso, interpretamos que o cidadão está com o Odú negativo, ou seja, sua conduta foge às regras siderais (seguiu um caminho ruim dentro do "destino" combinado). Nós, quando nascemos, somos regidos por um Odú de Ori, que representa nosso "eu", assim como outros Odús relacionados às nossas vidas.

Há de falarmos um pouco sobre a Lei do Carma. Existe um aforismo popular na Umbanda que diz o seguinte: "Xangô escreveu a justiça. Quem deve paga, quem merece recebe!".

Quase sempre atribuímos ao carma algo negativo que aconteceu em nossas vidas, como se ele fosse ruim. Carma (ou causa e efeito) significa "ação em movimento" e é uma lei da natureza que regula o limite dos acontecimentos e as reações dos atos contrários. O carma ensina que somos os próprios responsáveis pelos acontecimentos em nossas vidas; isso nos torna livres para fazermos e decidirmos o que acharmos melhor, sendo merecedores dos efeitos que disso florescerem. Educa-nos que não há felicidade (ou tristeza) não merecida; que não somos vítimas do destino; que não existe injustiça; que colhemos o que plantamos.

Quando compreendemos esses ensinamentos, podemos mudar nossa atitude perante a vida e tomar controle da nossa própria realidade. As influências externas não nos atrapalham, pois compreendemos o fluxo e o refluxo de forças que fazem que nossa realidade aconteça. Aos poucos, as reencarnações sucessivas nos conduzem a nos tornarmos senhores de nós mesmos e do nosso próprio destino.

Aceitando a realidade, podemos nos transformar interiormente, aprender, desenvolver melhor nossas vidas. Cada um de nós deve abrir caminhos para o leque de possibilidades que a existência humana nos oferece e transmutar nossas decisões em algo maior, segundo a Vontade Interior de nossa própria alma, nosso Eu Profundo, nosso Ori.

Tudo no Universo é organizado de acordo com o grau de afinidades, ou seja, todos nós somos atraídos para pessoas ou situações afins ao que pensamos, sentimos e fazemos, por isso devemos sempre fazer coisas boas e cultivar relações positivas, desenvolver bom caráter, ter pensamentos amorosos e nos esforçar para sermos homens de bem, pois só assim teremos a possibilidade de pisar em flores sem espinhos, ao darmos os passos percorrendo nossos caminhos. Afinal, quem maneja adequadamente o que planta dentro da Lei Divina, não receia a colheita.

Enfim, em conformidade aos Orixás que cultuamos, seguem algumas interpretações básicas dos 16 Odús principais do jogo de búzios – Merindilogun – que adotamos:

- **Okanran Meji – 1 búzio aberto**
Regente: Exu, com influência de Iansã e Omulu.
Elemento: terra-água.
Nascidos neste Odú são inteligentes, versáteis e passionais, com enorme potencial para a magia. Seu temperamento explosivo faz com que raras vezes atuem com a razão. Têm talento nos negócios. Nos relacionamentos afetivos e interpessoais, podem ser muito inconstantes.

- **Ejioko Meji – 2 búzios abertos**
Regente: Ogum, com influências de Xangô e Oxalá.
Elemento: terra-ar.
Nascidos neste Odú são intuitivos, joviais, sinceros e honestos. Revelam grande combatividade no aspecto negativo do Orixá, não sabem conviver com derrota e podem se tornar violentos. Devem controlar obstinação, ter cuidado com a vesícula e com o fígado – seus pontos vulneráveis.

- **Etaogundá Meji – 3 búzios abertos**
Regente: Ogum, com influência de Omulu e Xangô.
Elemento: fogo-ar.

Pessoas com esse Odú em geral veem seus esforços recompensados. Costumam vencer na política e conseguem obter grandes lucros nos negócios. São intensos e por vezes emocionalmente inconstantes; estão propensos a ter problemas espirituais e físicos, embora, na maioria dos casos, consigam se recuperar com facilidade de qualquer doença. Seus pontos vulneráveis são os rins, as pernas e os braços.

- **Irossun Meji – 4 búzios abertos**

Regente: Oxossi, com influência de Xangô e Iansã.

Elemento: fogo-terra.

Nascidos neste Odú são generosos, sinceros, sensíveis, intuitivos e místicos. Têm grande habilidade manual e podem alcançar sucesso na área de vendas. Entre os aspectos negativos, estão a tendência a sofrer traições e a propensão a acidentes. Muitas vezes são vítimas de calúnias e da perseguição dos seus inimigos. Também precisam cuidar da alimentação, pois seu ponto vulnerável é o estômago.

- **Ose Meji – 5 búzios abertos**

Regente: Oxum, com influências de Omulu, Iansã, Iemanjá e Xangô.

Elemento: ar-água.

Pessoas com esse Odú têm mão de magia, força e proteção espirituais, religiosidade e uma inclinação especial para o misticismo e as ciências ocultas. São ótimos professores e se destacam em qualquer atividade que exija liderança, mas precisam aprender a controlar sua vaidade e seu egocentrismo. Outro aspecto negativo é a tendência a se vingar quando estão com raiva. Seus pontos vulneráveis são o aparelho digestivo e o sistema hormonal.

- **Obará Meji – 6 búzios abertos**

Regente: Oxossi e Iansã, com influência de Iemanjá.

Elemento: ar-terra.

Pessoas com esse Odú têm grande proteção espiritual e costumam vencer pela força de vontade, especialmente em profissões relacionadas à criatividade. Mas com frequência desistem de seu projeto para recomeçar novos. Devem aprender a silenciar sobre seus planos e a determinar por onde começa-los e persistir até terminá-los. Seu ponto vulnerável é o sistema linfático.

• Odi Meji – 7 búzios abertos
Regente: Omulu, com influência de Xangô e Iemanjá.
Elemento: ar-água.

Nascidos neste Odú são ambiciosos e costumam ser bem-sucedidos na sua profissão. Gostam de viver bem, de conforto e de viajar. Quando a fé os impulsiona, porém, ultrapassam todas as barreiras. Sonham com o poder e adoram mandar e se divertir. Seus pontos vulneráveis são os rins, a coluna e as pernas.

• Ejiogbe Meji – 8 búzios abertos
Regente: Oxalá, com influências de Xangô e Ogum.
Elemento: fogo-fogo.

Nascidos neste Odú são dedicados e honestos, levam uma vida quase sem sofrimentos, mas estão sujeitos a acidentes graves. Amam com intensidade e têm amizades sinceras. Quando são repudiados ou sofrem uma traição, podem se tornar vingativos. Devem evitar o consumo de álcool e os excessos alimentares. Seu ponto vulnerável é o sistema nervoso central.

• Osa Meji – 9 búzios abertos
Regente: Iansã, com influência de Omulu e Iemanjá.
Elemento: água-fogo.

Nascidos neste Odú são líderes natos, mas seu autoritarismo lhes cria sérios problemas de relacionamentos interpessoais. O instinto protetor e a religiosidade também os caracterizam. Seus pontos vulneráveis são os conflitos psicológicos e, no caso das mulheres, os problemas ginecológicos.

• Ofun Meji – 10 búzios abertos
Regente: Oxalá com influência de Iemanjá.
Elemento: água-água.
Nascidos neste Odú são inteligentes, fiéis e honestos, capazes de dedicar atenção total ao outro. Envolvem-se em atividades altruísticas. Têm amigos sinceros e são de elevada espiritualidade. Em contrapartida, mostram-se muito teimosos e tendem a ser ranzinzas e rígidos. Seus pontos vulneráveis são o estômago e a pressão arterial.

• Oworyn Meji – 11 búzios abertos
Regente: Iansã, com influências de Oxum e Oxossi.
Elemento: água-ar.
Indivíduos de imaginação fértil, boa saúde e vida longa, mas a falta de fé pode levá-los a enfrentar dificuldades materiais e a alcançar o equilíbrio apenas depois de grandes esforços. Devem evitar a bebida e outros vícios. Seus pontos vulneráveis são a garganta, o sistema reprodutor e o aparelho digestivo.

• Iwori Meji – 12 búzios abertos
Regente: Xangô, com influências de Oxossi e Ogum.
Elemento: água-terra.
Nascidos neste Odú têm o dom de convencer os outros, são persuasivos. Dotados de grande sensibilidade espiritual, são bondosos, justos e prestativos, embora às vezes se mostrem arrogantes. Devem evitar bebida e podem ter problemas judiciais ou relacionados à perda de bens. Seu ponto vulnerável é a circulação sanguínea.

• Ejiologbon Meji – 13 búzios abertos

Regente: Nanã com influência de Iemanjá.

Elemento: terra-terra.

Nascidos nesse Odú aceitam com resignação os sofrimentos físicos, emocionais e espirituais, conscientes de que todas as situações da vida são transitórias. Além disso, sua profunda fé termina por lhes assegurar vitória. Dotados de "mão de cura", destacam-se nos serviços médicos e de assistência psicológica, bem como nas terapias alternativas. Seus pontos vulneráveis são o baço e o pâncreas.

• Iká Meji – 14 búzios abertos

Regente: Nanã com influência de Ogum e Xangô.

Elemento: água-terra.

Belos e sensuais, os nascidos neste Odú têm aparência juvenil e forte poder de sedução. Possuem talento para a magia e enorme força espiritual, que se manifesta pelo olhar de intenso magnetismo. Têm facilidade para "enriquecer" e se destacam na vida profissional e social, mas são desconfiados e propensos a ter conflitos psíquicos, depressão e transtornos obsessivos compulsivos. Seu ponto vulnerável são as articulações, que podem lhes causar problemas de locomoção.

• Ogbeogundá Meji – 15 búzios abertos

Regente: Ogum, com influência de Xangô.

Elemento: fogo-água.

Nascidos neste Odú são valorosos, combativos, justos e imparciais, mas podem ser receosos de rejeição, o que acentua sua agressividade e seu sentimento de baixa autoestima. Têm saúde frágil: estão sujeitos a problemas nos olhos, nos ouvidos e nas pernas, bem como a distúrbios do sistema neurovegetativo.

- **Aláfia Onan – 16 búzios abertos**
Regente: Oxalá.
Elemento: ar-fogo.

Calmas, racionais e espiritualizadas, as pessoas com esse Odú têm domínio sobre suas paixões. São excelentes nas áreas de vendas e artesanato, mas desistem facilmente dos seus projetos e perdem o interesse por aquilo que já conquistaram, pois são bastante "pródigas" com suas conquistas, não se importando com perdas materiais. Valorizam mais aspectos subjetivos da vida, como a felicidade e estar bem com todos. Estão sujeitas a problemas cardiovasculares, psíquicos e de visão.

Não poderíamos deixar de falar sobre Orunmilá, que faz, junto com Exu, a base teológica e doutrinária do sistema oracular nagô, ao qual cultuamos como caminho de melhoramento do caráter e de espiritualização. Exu é o comunicador, o que concretiza a ligação com Orunmilá do Sagrado para o profano, do Plano Espiritual para o material. Por sua vez, em nosso entendimento, Orunmilá é o Senhor dos Destinos, o aspecto da criação primordial que simboliza o saber absoluto do Criador – Oludumaré. Não existe passado, presente ou futuro para a Mente Universal, por isso Deus é o olho que tudo vê. O aspecto dessa visão para nós é Orunmilá, ao qual nosso Ori – Centelha Divina – está ligado inexoravelmente. Imaginemos que todo o saber, a verdade de tudo o que já existiu, existe e existirá no infinito Cosmo esteja registrado num único holograma, num tipo de arquivo digital para a nossa compreensão, e Orunmilá é a parte diferenciada da Divindade Maior, que tem acesso a essas informações, e Exu é o comunicador, o "carteiro" que lê a carta, o que traz estes dados para a interpretação humana e, ao mesmo tempo, leva nossas rogativas de esclarecimento e compreensão da vida.

Concluindo este capítulo, não poderia deixar de compartilhar que tive uma clarividência sobre este assunto. Abriu-me a visão do terceiro olho, chacra frontal, assim enxergando a abóboda celeste com miríades de estrelas brilhantes. Vagarosamente esse céu girava, ora para esquerda, ora para a direita, destacando-se um ponto luminoso que se transformava num sinal gráfico. Nesse momento, uma voz disse-me que era Exu e falou comigo que eram os sinais gráficos de Ifá, que continham todo o saber do Cosmo e faziam parte da Mente Universal. Enfatizou Exu que o aspecto divino que zela por esse saber é Orunmilá, tendo acesso absoluto a todo o conhecimento e aos destinos de cada espírito criado. Deus (Oludumaré) em tudo está e tudo é; não por acaso, é o que tudo sabe em relação às nossas existências humanas.

Algumas dúvidas:

O Ori é a mesma coisa que o Orixá Ancestral?

Não é a mesma coisa. Podemos inferir que Ori é a nossa Mônada, Centelha Divina, o Núcleo Energético Intrínseco do espírito. Na mitologia iorubana, Ori foi criado por uma divindade tão velha quanto o tempo, Babá Ijalá. Quando nos "soltamos" do Todo Cósmico que é Deus, essa partícula diminuta forneceu a matéria primordial para a formação de nosso Ori. Orixá Ancestral é a vibração divina primeira que o nosso Ori teve contato quando "desceu" para a dimensão das formas, assim seguindo o seu descenso vibratório até chegar no Plano Astral. O Orixá Ancestral é sempre o mesmo; é aquele que nos acompanha desde então e nunca muda; será sempre o mesmo, por mais que reencarnemos com missões diferentes.

O Ori nunca mudará nas reencarnações sucessivas, ou seja, por mais que reencarne diversas vezes, terei sempre o mesmo Ori?

Sim, nunca mudará; é único e imortal.

Qual a diferença de Ori para Ipori?

Ipori é o núcleo mais central e igualmente intrínseco do espírito. É contido dentro do Ori, pois Ori é mais "amplo"; também contém nosso subconsciente e consciência. É o polo irradiador que estrutura o Ori e, consequentemente, nossa mente e o sistema cognitivo mais profundo.

Gostaria de saber se há diferenças dos búzios jogados em relação ao Merindilogun dito a coroa Mediúnica.

O Merindilogun é o método de 16 cauris – conchas marítimas – por Odú (signos de Ifá) do sistema religioso iorubá. Existem variadas adaptações de um terreiro a outro, mesmo dentro de uma mesma raiz, o que, ao nosso entendimento, não invalida a seriedade e a ética do olhador.

Os ritos e as liturgias umbandistas

As sessões de caridade

Uma sessão de caridade é o momento mais importante na Umbanda. Trata-se da assembleia – reunião – religiosa mediúnica com a finalidade de atender os consulentes que vêm em busca de auxílio e socorro espiritual. O ritual de abertura de uma sessão de caridade umbandista é um dos mais importantes e determina toda a sustentação vibratória magística com os Orixás, que serão fundamentais para a atuação mediúnica dos benfeitores espirituais. Não por um acaso é um momento ritualizado, que exige disciplina, silêncio e concentração, que devem ser acompanhados de atitudes mentais e disposições emocionais imbuídas da mais alta fraternidade e amor ao próximo. Ocorre que são instantes que antecedem – abrem – o acesso a um plano suprafísico e atemporal, o qual vai sendo criado e desenvolvido no interior de cada um dos médiuns presentes à sessão, proporcionalmente ao grau de união e uniformidade ritualística que se tenha para esse momento na corrente, objetivando a criação e a sustentação da egrégora pela emanação mental dos componentes da corrente, aos quais os espíritos do lado de lá atuarão "ancorados" para se manifestar através do canal mediunidade.

Abrir os trabalhos de caridade é "destrancar" nosso templo interior de medos, recalques e preconceitos para sermos "ocupados" pelos Guias Espirituais. Todos participando de um mesmo ideal – doação ao próximo –, somente com a calma interior, abstraindo-se dos pensamentos intrusos que preenchem a mente com preocupações ligadas às inseguranças diárias da sobrevivência na matéria, esvaziando o psiquismo periférico sintonizado aos sentidos ordinários do corpo físico, indo ao encontro do verdadeiro Eu Interno, a essência espiritual imorredoura e atemporal que anima cada um de nós, em silêncio e serenados, conseguiremos ser instrumentos úteis de trabalho aos nossos mentores, enviados dos Orixás.

Por mais que tenhamos elementos de ritos, defumação, atabaques, folhas, cheiros e sons, que nos dão as percepções que nos estimulam por meio de símbolos, que podem ser visuais, sonoros ou estar em palavras faladas e alegorias litúrgicas, é somente por meio da elevação psíquica interna de cada membro da corrente mediúnica que poderemos chegar ao padrão vibratório coletivo necessário ao alinhamento com as falanges espirituais que nos envolvem de maneira consciente, efetiva e amorosa. Devemos viver e sentir com intensidade o que está se passando durante a abertura dos trabalhos. Nessa ocasião, está sendo levado a cabo um momento sagrado de expansão das nossas potencialidades anímicas, mediante forças cósmicas que nos permitirão sintonizar às instalações do nosso templo interior e estar em contato com o benfeitor espiritual que nos guia mediunicamente e protege durante todos os atendimentos caritativos dos consulentes.

A criação da verdadeira egrégora coletiva se dará na medida que todos os membros de uma corrente estejam conscientes de que tudo acontece no plano sutil, oculto às nossas percepções sensórias ordinárias, não sendo um simples formalismo ritualístico, repetitivo e enfadonho para podermos começar a sessão.

Infelizmente, muitas vezes certos médiuns e assistentes estão desconcentrados, olhando para os lados, absortos, entediados, atentos ao relógio, com os semblantes pesados, cheios de preocupações e, não por um acaso, ao final dos trabalhos, não estão bem com algum espírito sofredor "colado" em suas auras, pois o afim atrai o afim, carecendo esses médiuns de atendimento e dedicação dos demais membros da corrente.

É necessário o esclarecimento costumeiro, repetitivo, pelos dirigentes do sentido mais amplo da abertura dos trabalhos mediúnicos de uma sessão de caridade umbandista, orientando quanto aos seus aspectos esotéricos, metafísicos e transcendentais. É imperiosa a conscientização de todos os participantes dos trabalhos práticos de Umbanda, buscando-se sempre a coesão e a uniformidade da corrente, mantendo-se, assim, a sustentação vibratória pelo intercâmbio mediúnico superior.

No mais das vezes, sempre que ocorre "quebra" de corrente, verificamos que a abertura dos trabalhos estava desconcentrada, podendo ser tanto no corpo mediúnico, como, por vezes, até na assistência, pois muitos dos frequentadores são médiuns desequilibrados e estão em sérias obsessões. Noutras ocasiões, quando o medianeiro efetivamente está com interferência espiritual externa que influencia seu psiquismo negativamente, deve ser "afastado" provisoriamente dos trabalhos para ser atendido espiritualmente, obtendo o tempo necessário para refletir sobre seu estado mental, mudando sua condição psíquica e emocional, que estão prejudicando-o como médium junto a uma coletividade.

Quando o frequentador da assistência está visivelmente desequilibrado, a ponto de mediunizar um obsessor, deve ser fraternalmente retirado do salão e levado para a "sala" de atendimento fraterno, o que muitas vezes requer um trabalho mediúnico socorrista desobsessivo. Por isso, todo zelo e cuidado são poucos diante das muitas possibilidades de quebra de corrente, que podem ocorrer antes e durante as sessões de caridade.

Condições materiais para realização da caridade

Que bom seria se todos nós tivéssemos o desapego de um "santo", de um espírito que serve incondicionalmente à humanidade. Mesmo se assim o fosse, se tivéssemos em nós as qualidades morais de Francisco de Assis, Buda ou Gandhi, não conseguiríamos nos reunir e dar passes nos consulentes embaixo das copas das árvores, sem teto, sem luz, sem água, sem banheiro, sem cozinha ou geladeira para o lanche, abaixo das intempéries climáticas do verão causticante ou do inverno gélido, como era na época de Jesus, e com certeza seríamos assaltados se tentássemos, tais a violência e a insegurança que grassam nos centros urbanos na atualidade.

Os críticos de plantão, sempre apontando defeitos nos outros e exaltando atributos que eles mesmos não adquiriram, não fazem a mínima ideia do que é manter um centro de Umbanda, com tudo o que deriva disso: água, luz, manutenção, material de higiene e limpeza, faxina, materiais litúrgicos e ritualísticos como velas, flores, perfumes, entre outros.

Uma casa espiritualista caritativa não vive do prana e precisa materializar as condições básicas para sua preservação, manutenção e expansão. Por exemplo, uma assistência de 200 pessoas precisa ter cadeiras para todos sentarem, adaptação de rampas de acesso para cadeirantes e, no mínimo, dois amplos e limpos banheiros. Na maioria dos terreiros, somente a módica mensalidade do corpo mediúnico não é o suficiente para tudo o que se tem de custeio de uma organização religiosa caritativa, pois muitos têm baixos salários e, por vezes, estão desempregados, contribuindo de outra forma com a casa, já que ficam impedidos de auxílio monetário.

Outros dirão que existem muitas casas onde se visa ao lucro. Aí se veem pessoas com carrões e banheiros sem água. Roupas cobertas de joias e bancos capengas para os visitantes. Cobra-se até de um irmão desempregado e doente que precisa de ajuda. Aí perguntarão: onde fica a caridade?

Neste caso, não existe caridade. Simples assim. O outro lado dessa questão é que muitos procuram a caridade num centro, chegam de carrões, são bem-sucedidos, têm empregos magníficos, são empresários, herdeiros de fortunas, verificam que o terreiro é simples, nada cobra, tem precariedades materiais, e não são capazes sequer de doar uma vela, um rolo de papel higiênico, um material de limpeza. A verdadeira caridade começa dentro de cada um de nós. A maioria só quer a caridade para si, poucos a fazem para o outro.

Raríssimos são como Francisco de Assis, Gandhi ou Chico Xavier, que conseguiram abdicar dos apelos de seus egos em favor de uma causa, de um grupo, de uma comunidade ou coletividade. Jesus viveu de doações durante sua caminhada terrena, pregando aqui e acolá; alimentava-se na casa de um e de outro, ocasiões e locais onde fazia sua higiene pessoal, banhava os pés. Não conseguimos nem um grão de areia de graça hoje em dia, e um centro espiritualista se constrói com muitos tijolos. E, mesmo assim, muitos saem a campo para depredar, destruir, difamar, como estamos verificando na exacerbação da intolerância religiosa. Devemos ter a atitude de nos fazer ver e sermos respeitados. Para isso, os centros espiritualistas de Umbanda devem estar limpos, com banheiros adequados, pintados, cadeiras condizentes, com extintores de incêndio e saídas de emergência. Agora com plano de prevenção contra incêndio para liberação de alvará de funcionamento... Além de necessitarmos, nos grandes centros urbanos, de cerca elétrica, alarme e segurança com monitoramento eletrônico contra assaltos. Tudo isso, para fazermos a caridade, não sai de graça. Para concretizarmos a CARIDADE REAL, devemos agir, pois estamos na matéria e nem um grão de areia construímos sem esforço e ações concretas.

Os elementos

Os elementos são tudo o que é usado nos ritos e nas liturgias umbandistas. Entendemos que há duas interpretações básicas: os elementos materiais, como velas, fumo, imagens, guias etc., e os elementos ritualísticos e litúrgicos, como os toques de atabaques, baterem-se palmas, saudações diversas etc. Importa que os elementos não alterem fundamentos, podendo ser utilizados amplamente dentro da diversidade umbandista. Um elemento altera fundamento quando subtrai o núcleo duro da Umbanda: não cobrar e não sacrificar animais. Logo, se uma casa usa penas de aves em certos adornos rituais e não sacrifica, não alterou fundamento. Simples assim.

Os assentamentos vibratórios

Um assentamento vibratório é um centro ou ponto focal de influência magnética. O valor intrínseco de um assentamento vibratório não está só na sua existência como instrumento ritualístico, mas, acima de tudo, no que ele representa: uma manifestação de fé, um elemento de ligação metafísica e um potente concentrador e dinamizador energético. O principal objetivo de um assentamento é potencializar uma determinada vibração, "materializado" no duplo etéreo dos elementos arrumados e dispostos, devidamente consagrados e ritualizados, criando potentes campos de forças que funcionam como verdadeiros portais, aos quais os espíritos guias transitam se apoiando para se fixarem no espaço sagrado e, ao mesmo tempo, manterem adequadamente o intenso rebaixamento vibratório, que se impõe para se fazer sentir pelos medianeiros por meio da chamada mecânica de incorporação.

Temos diversos tipos de assentamentos vibratórios: o congá (altar), as firmezas e tronqueiras, o cruzeiro das almas.

O congá

É o altar ritualístico, onde ficam os símbolos, elementos de irradiação, imagens etc. É o ponto de maior atração e irradiação do terreiro. Pela sua importância, vamos elucidar sobre os fundamentos e as funções de um congá.

O congá é o mais potente aglutinador de forças dentro do terreiro: é atrator, condensador, escoador, expansor, transformador e alimentador dos mais diferentes tipos de energia e magnetismo. Existe um processo de constante renovação de axé que emana do congá, como núcleo centralizador de todo o trabalho na Umbanda. Cada vez que um consulente chega à sua frente e vibra em fé, amor, gratidão e confiança, renovam-se naturalmente os planos espiritual e físico, numa junção que sustenta toda a consagração dos Orixás na Terra, na área física do templo.

Vamos descrever as funções do congá:

Atrator: atrai os pensamentos que estão à sua volta num amplo magnetismo de recepção das ondas mentais emitidas. Quanto mais as imagens e os elementos dispostos no altar forem harmoniosos com o Orixá regente do terreiro, mais é intensa essa atração. Congá com excessos de objetos dispersa suas forças.

Condensador: condensa as ondas mentais que se "amonto-am" ao seu redor, decorrentes da emanação psíquica dos presentes: palestras, adoração, consultas etc.

Escoador: se o consulente ainda tiver formas-pensamentos negativas, ao chegar na frente do congá, elas serão descarregadas para a Terra, passando por ele (o congá) em potente influxo, como se fosse um para-raios.

Expansor: expande as ondas mentais positivas dos presentes; associadas aos pensamentos dos guias que as potencializam, são devolvidas para toda a assistência num processo de fluxo e refluxo constante.

Transformador: funciona como uma verdadeira usina de reciclagem de lixo astral, devolvendo-o para a terra.

Alimentador: é o sustentador vibratório de todo o trabalho mediúnico, pois, junto dele, fixam-se no Astral os mentores dos trabalhos que não incorporam.

Todo o trabalho na Umbanda gira em torno do congá. A manutenção da disciplina, do silêncio, do respeito, da hierarquia, do combate à fofoca e aos melindres deve ser uma constante dos zeladores (dirigentes). Nada adianta um congá todo enfeitado, com excelentes materiais, se a harmonia do corpo mediúnico estiver destroçada; é como tocar um violão com as cordas arrebentadas.

Caridade sem disciplina é perda de tempo. Por isso, para a manutenção da força e do axé de um congá, devemos sempre ter em mente que ninguém é tão forte como todos juntos.

As firmezas e as tronqueiras

As firmezas e as tronqueiras não deixam de ser assentamentos vibratórios. As tronqueiras, aquelas casinhas nas entradas dos terreiros, têm como finalidade ser um ponto de força de Exu. Ali está firmado um "portal" em que os espíritos enfeixados na irradiação de Exu trabalham, numa outra dimensão, mas com atuação direcionada para o Plano Físico, de proteção e guarda ao terreiro. Esse ponto de força funciona como um para-raios, é um portal que impede as forças hostis se servirem do ambiente religioso de forma deturpada.

Os trabalhos espirituais na Umbanda requerem fornecimento de certos tipos de fluidos, para terem uma sustentação vibratória adequada. Os espíritos que atuam como Exus utilizam-se da volatilização dos elementos dispostos na tronqueira para beneficiar os trabalhos que são realizados dentro do templo. Assim, anulam forças negativas oriundas de magias diversas feitas para o mal, socorrem sofredores, condensam alimentos, medicamentos, roupas, instrumentos diversos em suas intercessões no umbral.

O preconceito existente em relação às tronqueiras é porque muitos as usam de forma negativa, plasmando verdadeiros portais com organizações trevosas. Há de se registrar, mais uma vez, que qualquer procedimento que objetive mal ao próximo não é da Umbanda, mas de seitas que muitas vezes se utilizam do nome da religião.

Qualquer tipo de firmeza é uma conexão mental, um ponto de equilíbrio com o Plano Espiritual. É um ponto focal de direcionamento dos pensamentos, fortalecidos quando os adeptos estão em sintonia com as vibrações das entidades que dão cobertura astral ao terreiro.

Ter firmeza interna é necessário a cada médium; manter-se equilibrado segundo os preceitos determinados pelos guias e dirigentes. Firmezas podem ser obtidas com pontos de referências físicos magnetizados como patuás e as guias – colares – ou em pontos riscados, com a colocação de velas onde ali é deixada a energia da entidade que se dissipará no ambiente ao seu redor, beneficiando, assim, os que ali estiverem. É verdade que pontos também podem ser de descarrego, mas todos são firmezas que atraem forças magnéticas apropriadas, gerando o benefício dos que ali se encontram ao redor.

Mesmo com todo o preparo, por meio de orações, cânticos, banhos de ervas, defumações, passes, preceitos, tronqueiras, assentamentos diversos, tudo isso é sem valia se o médium não tem moral, não procura o seu melhoramento íntimo, não se esforça na busca do autoconhecimento. O roteiro mais firme no caminho de todo médium é interiorizar e conseguir praticar os ensinamentos do evangelho, bem como de outros compêndios religiosos doutrinários que conduzem o homem a ser do bem; quanto mais, melhor e mais firmeza.

O cruzeiro das almas

O cruzeiro das almas é o local vibrado onde intencionalmente não existe piso cimentado recobrindo o chão. Dependendo da casa, pode haver areia de praia, terra preta, terra de cemitério ou terra de formigueiro e até de cupinzeiro. A terra é o elemento telúrico desintegrador por natureza. A terra de cemitério, colhida no Campo Santo, o que não tem nada a ver com terra tendo cadáver em putrefação, serve como "liga" vibratória com o Orixá Omulu, o regente e o senhor da terra, facilitando a conexão vibratória neste local sagrado, escoando alguns fluidos enfermiços dos duplos etéreos dos atendidos nos terreiros e, ao mesmo tempo, tem serventia como decantador para os espíritos socorridos, que necessitam do magnetismo telúrico para "sorverem" energias balsamizantes, recompondo seus corpos astrais chagados e, ao mesmo tempo, descarregando certas enfermidades fluídicas. Já a terra de formigueiro ou cupinzeiro tem finalidade de proteção, sendo um tipo de para-raios que atrai as cargas energéticas demandadas contra a egrégora do terreiro e os desintegra.

Na casa ou cruzeiro das almas, o que mais se destaca é uma cruz, simples, geralmente de madeira, variando o tipo de árvore, muitas vezes sendo de aroeira; presa à cruz e pendendo dela, pode-se ter palha da costa ou um rosário de lágrima de Nossa Senhora, destacando-se sempre um crucifixo de metal. Ocorre que, assim como feito na tronqueira de Exu e no próprio congá, "enterrado" no chão da casa das almas existe um "fundamento", conjunto de elementos fixos de "firmeza" e "força" do terreiro que são colocados para terem efeito magístico no plano etéreo-físico.

Os elementos como água e vela, que não são fixos, e outros dependendo da tradição de cada terreiro, são trocados de tempo em tempo e dinamizados pelo sacerdote dirigente, ou a quem ele confiar essa tarefa, por meio de palavras propiciatórias, certos cânticos e rezas, que servem de imprecações e encantamentos mágicos pela utilização da força mental, que, por sua vez, sintoniza com os espíritos que verdadeiramente movimentam o éter, ou duplo correspondente, dos elementos manipulados. Geralmente, a casa das almas fica posicionada à direita de quem entra no terreiro, no local de maior trânsito e passagem de encarnados e, consequentemente, de desencarnados, ao lado da tronqueira de exu, servindo ambas como um posto astral de triagem, pois nem todos serão autorizados a entrar no terreiro e alguns, por vezes muitos, ficam retidos nos campos de força de proteção e detenção localizados próximos à porta ou ao portão de entrada, conforme a disposição de cada agremiação.

As defumações

Defuma com as ervas da Jurema, defuma com arruda e guiné, benjoim, alecrim e alfazema, vamos defumar filhos de fé!

A defumação é uma ritualização que está presente em várias religiões, como budismo, judaísmo, catolicismo, entre outras. Na Umbanda, assume finalidade não só de dispersão de fluidos no plano físico, pois os fundamentos da queima das ervas são para a sua eterização, fazendo que os princípios químicos contidos nelas tenham alcance no Plano Astral e nas entidades que estão em tratamento. Tal procedimento deve ser bem observado e adequadamente preparado.

Os efeitos da defumação, desde a higienização das auras dos presentes e astral do ambiente, objetivam sempre a harmonização do ambiente e a elevação do tônus psíquico dos presentes. Não utilizamos a queima de ervas para machucar espíritos, espantá-los nem fazer-lhes qualquer dano.

Não se deve utilizar ervas compradas em comércio com resinas químicas derivadas de petróleo. Além de não terem poder magístico, não são recomendadas para a saúde, podendo causar alergias respiratórias, rinites e sinusites. Requer-se o preparo consciente das ervas a serem utilizadas no ritual, que se inicia quando as colhemos, com permissão do mundo astral, até o momento de utilizá-las. Em seguida, passamos à mistura adequada de ervas, nas proporções necessárias para que se atinjam o objetivo esperado, a higienização, a harmonização ou a elevação. No impedimento de colheitas particularizadas com a finalidade única de utilização rito-litúrgica por meio da defumação, deve-se adquirir as ervas ainda verdes, para secarem e serem debulhadas no terreiro, em rito propiciatório de consagração.

São colocadas num turíbulo de argila com braseiro. Não recomendamos o uso de qualquer material metálico para acondicionar as ervas secas durante a sua queima, pois certas cargas energéticas ficam imantadas no magnetismo peculiar dos metais, sobretudo os ferrosos. Durante a defumação, são cantados pontos específicos, verdadeiros mantras que "explodem" a contraparte etérea das ervas, expandindo seus princípios ativos, dinamizando os, fazendo-os impactar em esferas vibratórias ocultas aos nossos olhos.

Salve a defumação! Salve o Poder das Ervas!

A curimba, os cantos e toques – a música sacra

A curimba é como denominamos o conjunto de voz e percussão composto pelos três atabaques e por demais instrumentos, tocados pelos tamboreiros e cantores. Consideramos como música sacra, pois faz parte dos ritos e das liturgias de Umbanda.

Quando introduzimos os atabaques em nossas sessões de caridade pública, uma boa parte da nossa assistência deixou de vir ao terreiro, enquanto uma parte maior começou a frequentá-lo por gostar dos cânticos acompanhados de tambores. Assim como aconteceu quando introduzimos as imagens dos Orixás africanos como elemento de rito, fomos classificados preconceituosamente de "macumbeiros" por algumas pessoas. Outros disseram que estaríamos contrariando as normas de culto ditadas pelo Caboclo das Sete Encruzilhadas, que não preveria atabaques, só cânticos e palmas.

Não foi fácil persistir e sermos fiéis à nossa vivência mediúnica, pois escutávamos os tambores no Astral e, vez ou outra, enxergávamos portentosos africanos nagôs tocando-os. Então, ao escutarmos alguns DVDs que temos em nossa livraria, especificamente *Todo mundo quer Umbanda* – de Pedro Miranda, um ícone da Umbanda, atual dirigente da Tenda Espírita São Jorge, fundada a mando do Caboclo das Sete Encruzilhadas, fazendo parte das Sete Tendas que foram ordenadas à fundação em 1918 por essa entidade luminar. Ocorre que a Tenda Espírita São Jorge, tendo o Sr. Severino Ramos (médium entre outras entidades de Exu Tiriri) como fundador sacerdote formado na Tenda Nossa Senhora da Piedade, foi a primeira das Tendas fundadas pelo C7E a ter sessões de Exu e a utilizar-se de Atabaques desde a sua fundação, em 1935, em conformidade ao consentimento e à autorização do próprio Caboclo, que era, de fato, o diretor espiritual de todas as tendas. O Sr. Pedro Miranda é o principal representante hoje vivo da Umbanda que conviveu diretamente com Zélio Fernandino de Moraes.

Mantivemo-nos fiéis na mediunidade e nas orientações dos Mentores Astrais. Esses fatos históricos confirmam que nunca contrariamos as normas de culto do Caboclo das Sete Encruzilhadas.

Os cânticos entoados têm a função de auxiliar na concentração de todos e marcam as fases do ritual, como defumação, abertura, descarga, encerramento. As sonoridades emitidas pelas batidas de tambores podem acalmar ou excitar; como se diz no jargão peculiar dos terreiros, esfriar ou esquentar. Notadamente, servem para fazer o rebaixamento das ondas vibracionais dos Orixás. A partir disso, os guias e falangeiros atuam melhor, "acostando-se" em seus médiuns. Assim, os cantos e toques, quando realizados com entrega e amor, atuam diretamente nos chacras superiores, notavelmente o cardíaco, o laríngeo e o frontal, ativando os centros de forças correspondentes para a sintonia mental psíquica com os falangeiros, como também harmonizam os chacras inferiores (básico, esplênico e umbilical), estabelecendo condições propiciatórias à mediunidade de incorporação, que requer abundante exsudação de ectoplasma, sem, contudo, que seja denso em demasia.

As ondas eletromagnéticas sonoras emitidas pela curimba irradiam-se para todo o centro de Umbanda, desagregam formas – pensamentos negativos, morbos psíquicos e vibriões astrais "grudados" nas auras dos consulentes, diluindo miasmas, higienizando e limpando toda atmosfera psíquica para que fique em condições de assepsia e elevação que as práticas espirituais requerem. Assim, a curimba transforma-se em um potente "polo" irradiador de energia benfazeja dentro do terreiro, expandindo as vibrações dos Orixás. Os cânticos são verdadeiras orações cantadas, ora invocativas, ora de dispersão, ora esconjuros, sendo excepcionais ordens magísticas com altíssimo poder de impacto etéreo astral, concretizando no campo da forma coletiva o que era abstrato individualmente pela união de mentes com o mesmo objetivo, sendo um fundamento sagrado e divino, o que podemos chamar de "magia do som" dentro da Umbanda.

Os pontos cantados são ordens de trabalhos magísticas, com um altíssimo poder de encantamento, pois é um fundamento universal, a "magia do som" dentro da Umbanda, quando o pensamento e a intenção movimentarem o éter pelos cânticos.

Dizem os orientais que o Verbo é AUM, a Vibração original, a primeira manifestação do Absoluto Indiferenciado, de onde provêm todas as demais manifestações concretas nos diversos planos de existência. Se é assim, somos todos filhos desse Verbo, desse Som Primordial. Somos som, somos vibração. Vibração essa que reverbera e emite luz, por meio da glândula pineal de cada um de nós. Estamos todos interligados por essa Vibração original, que nos iguala e nos irmana. Se é verdade que um diapasão emite som e vibração que faz uma corda musical vibrar na mesma frequência e nota musical, então nos parece que o toque da curimba, compassado, em uníssono, matizado com as qualidades vibratórias do Orixá invocado e potencializado o toque pela vontade firme e consciente, com propósito definido dos curimbeiros e de quem canta o ponto, parece-me, repito, que o deslocamento energético vibratório produzido sintoniza, como se fosse um diapasão, com a nossa própria vibração, esta que vibra constantemente pela glândula pineal. E é aí que se produz a harmonização da nossa energia, vibração pessoal, com a do Orixá invocado durante o toque. Nesse momento se produz um refinamento dos nossos corpos sutis, como resultado dessa harmonização e pela agregação das qualidades vibratórias do Orixá. E essa sintonia permitirá a cada médium, de acordo com suas peculiaridades e capacidades individuais, harmonizar-se e sintonizar-se com a entidade específica que vem com ele trabalhar, ou mesmo com a própria vibração do Orixá, na medida de sua capacidade de "suportar" essa Luz que vem de cima.

A curimba, do ponto de vista mais imediato dos nossos trabalhos, nos leva, no plano astral, tão longe e tão forte quanto o permitam nossa vontade, propósito definido, sentimento de doação, sem quebra de corrente, matizados e qualificados pela atuação da espiritualidade. E, de um ponto de vista mais sutil, é poderoso instrumento de auxílio para ajustar nossa vibração individual com a vibração dos Orixás e das linhas de trabalho que estão atuando naquele momento, capacitando-nos para as atividades mediúnicas, para a doação qualificada de ectoplasma e de energias magnéticas, e para a nossa lenta, contínua e, é o que se espera, inexorável elevação de nossa frequência vibratória espiritual.

Oficina de toques

No ano de 2009, mãe Márcia, dirigente do Templo de Umbanda Caboclo Pena Branca, de Taubaté/SP, e seu curimbeiro-mestre, o Ogã Roncali, formado na escola de curimba Aldeia de Caboclos, de São Paulo/SP, presentearam nosso templo com um atabaque. Roncali tocou e cantou numa engira e nos mostrou e nos encantou com a arte de curimbar. Desde lá, o Grupo de Umbanda Triângulo da Fraternidade busca aprender essa arte e progredir para repassar esse conhecimento de forma continuada e fundamentada. Assim, criamos a Oficina de Toques, cuja metodologia básica apresentamos.

Forma, conteúdo e finalidade da oficina de toques

Finalidade da inalidade da oficina de toques

Funcionar como mais um agregador, para o aprimoramento continuado dos toques e cânticos, fortalecendo a técnica e o manejo dos elementos da curimba, e, consequentemente, os laços de união no grupo.

Conteúdo programático

O conteúdo da Oficina de Toques compreende o ensinamento dos toques de curimba e o aprimoramento da respectiva técnica, incluindo o desenvolvimento da técnica dos cânticos de Umbanda.

A fonte do conteúdo compreende a apostila da Oficina de Toques, fundamentada na apostila do Ogã Roncali, juntamente com as aulas, os vídeos, as músicas e, sobretudo, as leituras voltadas à instrução do saber da arte de curimbar, como textos, livros e periódicos. Tudo conforme será apresentada pela Oficina nos dias de encontros.

Forma

Funcionamento e organização da Oficina de Toques

O funcionamento e a organização da Oficina de Toques são de responsabilidade dos curimbeiros do Grupo de Umbanda Triângulo da Fraternidade, incumbidos de fazer os encontros iniciarem e terminarem no horário, bem como de dirigir e impulsionar a condução das atividades nos encontros. Para a promoção do conhecimento, a Oficina utiliza os membros efetivos da curimba, em especial na parte dos cânticos (ou cantigas) e dos pontos cantados, da orientação e da atuação das ogãs da casa.

Dos encontros

A Oficina de Toques será realizada em encontros aos sábados de tarde, com aulas expositivas e predominantemente práticas, organizados tais encontros em duas etapas: a primeira etapa com 1 hora e 30 minutos, seguida de intervalo de 15 minutos; e a segunda etapa também com 1 hora e 30 minutos, totalizando 3 horas e 15 minutos de encontro. O conteúdo das etapas é diferente, e os horários e datas dos encontros constam do cronograma de encontros anuais.

Primeira etapa – 1 hora e 30 minutos

Conteúdo

É aula. Ensinamento de toques. Esse momento é objetivo para o ensinamento pontual da técnica. Requer mais concentração para esse fim. Por não ser treino propriamente dito, não é indicado para debates de aprimoramentos ou treinamento de pontos novos. É o momento para absorver a técnica com objetividade e concentração. Dúvidas ou colocações, só com relação ao toque do dia, previamente escolhido conforme o cronograma de conteúdo, anexo à apostila que será disponibilizada.

Metodologia

Aula pouco expositiva e preponderantemente prática, com utilização de atabaques e apostila. A parte teórica fica ao início da aula, reservando-se a maior parte do tempo para a prática.

Após essa 1 hora e 30 minutos, faz-se um intervalo de 15 minutos e inicia-se a segunda etapa.

Segunda etapa – 1 hora e 30 minutos

Conteúdo

É treino. Momento oportuno para aprimorar a técnica. Fortalecer o toque da curimba, tocar e treinar com os outros instrumentos de percussão – Somente agê ou xequerê – sugerir modificações, treinar pontos novos, dialogar, tirar dúvidas, conversar sobre a curimba e trocar conhecimentos. É um momento mais livre, no que tange aos assuntos, mas sempre adstritos à curimba e à Umbanda, e, de preferência, para manter a produtividade, que seja sobre a pauta do dia. Assuntos outros não são bem-vindos. No momento de treino de curimba, o que interessa é curimbar, apenas. Relatos e questões de mediunidade sobre a curimba interessam, afora isso, não é o objetivo do treino, que, aliás, é predominantemente tocado, e não falado.

Contribuição para oficina de toques

Será necessário adquirir a apostila, que está disponibilizada na secretaria do Grupo. Para participar da Oficina é necessário e importante a prática com o estudo dessa apostila. Para inscrição e outras informações, deve o interessado falar diretamente em nossa secretaria ou enviar e-mail para *triangulodafraternidade@gmail.com*.

Cronograma de encontros

Essas são as datas dos encontros da Oficina de Toques, agendadas preferencialmente para os últimos finais de semana de cada um dos nove meses em que ela acontece; é realizada anualmente. Em sendo um por mês, totalizamos nove encontros, permanecendo em aberto a possibilidade de alterar a data, com prévia troca um mês antes do respectivo encontro alterado e mediante aviso a todos.

Os encontros são à tarde, iniciados às 14:00 e terminados às 17:15, com intervalo de 15 minutos às 15:30, dividindo as duas etapas, cada uma com 1 hora e 30 minutos de duração.

As ervas e as folhas

Se, na Umbanda, nada se faz sem Exu, sem folha, não há Orixá. É de suma importância a utilização do axé verde – prana vegetal – nos rituais umbandistas e não existe um terreiro que dispense o uso das folhas.

Mas, afinal, o que fazem as folhas?

O que faz o fluido vital das plantas, notadamente os contidos nas folhas, que são objeto de maior uso litúrgico nos terreiros, ser dinamizado numa espécie de expansão energética (explosão), e a partir daí, adquirir um direcionamento, cumprindo uma ação esperada, são as palavras de encantamento, o verbo atuante associado à força mental e à vontade do médium – sacerdote oficiante do rito –, perfazendo, assim, uma encantação pronunciada.

Necessariamente, o princípio ativo fármaco da folha não será o mesmo da intenção mágica que realizou o encantamento, em seu correspondente corpo etérico. Existem associações de mais de uma planta que acabam tendo efeito sinérgico, por sua vez, diferente do uso individual das folhas, que compõem o "emplastro", banho ou batimento. A ligação mágica é feita de elos verbais cantados, a ação terapêutica medicinal associada à ação energética mágica esperada, combinação fluídica vibracional realizada na junção dos duplos etéreos das folhas e adequadamente potencializada pela ação dos Guias Astrais da Umbanda, havendo, por fim, uma ação coletiva; do sacerdote oficiante do rito, dos médiuns cantando e dos espíritos mentores.

Quanto aos batimentos, as ervas também são usadas na forma de ramas e galhos, que são "batidos" nos consulentes, com o objetivo de desprender as cargas negativas e as larvas astrais que possam estar aderidos a eles. Quando feito pelos médiuns incorporados, geralmente com os caboclos (mas pode acontecer com outras linhas de trabalho, em conformidade à característica ritual de cada terreiro), o movimento em cruz na frente, nas costas, no lado direito e no lado esquerdo, associado aos cânticos, aos silvos e assobios por meio da magia do sopro e do som, que criam verdadeiros mantras etéreo-astrais, poderosos desagregadores de fluidos, consagram-se potentes campos de forças curadores.

As folhas, depois de usadas, devem ser partidas e despachadas junto a algum lugar de vibração da natureza virginal, de preferência direto sobre o solo, sem acendermos velas, dispensando-se a necessidade de quaisquer elementos poluidores. No impedimento de assim se proceder, coisa comum nos centros urbanos onde se localiza a maioria dos templos de Umbanda, simplesmente se deve recolher adequadamente para posterior coleta pública de lixo.

A dinamização do duplo etéreo das folhas tem uma íntima ligação com a palavra falada, que, pelo impulso da vibração do espírito "acoplado" no médium no transe mediúnico, consegue força suficiente para a alteração da coesão das moléculas das plantas. A partir daí, adquirem uma plasticidade ou capacidade de moldagem etérica adequada. Os Guias Astrais movimentam-nas em novas associações e composições sinérgicas com vários tipos de ectoplasma, utilizando-se, inclusive, dos elementais da natureza, advindo especificidades e indicações ainda desconhecidas dos homens materialistas, obviamente, dentro da necessidade e da fisiologia oculta de cada atendido, na medida certa e adequada a um processo de diagnose que somente os técnicos do lado de lá, velhos xamãs e kimbandeiros, feiticeiros curadores, podem realizar.

Os banhos

As ervas para os banhos de descarga fluídica, curativos ou desenvolvedores, são eficientes quando receitadas de acordo com o tipo planetário da pessoa necessitada e desde que sejam colhidas sob a influência astrológica e lunar favoráveis. As ervas prenhes de seiva vegetal também estão saturadas de vigoroso potencial magnético e, por esse motivo, produzem efeitos miraculosos, eliminando os fluidos perniciosos aderidos ao perispírito e curando as piores enfermidades.

Existe na seiva vegetal, um *quantum* de eletricidade, tão comum quanto a que se diz biológica e impregna o corpo humano, a qual provém da própria terra, pois é atraída e concentrada pelo duplo etérico, exsudando-se ou irradiando-se depois pela aura das plantas, dos animais, das aves e das criaturas humanas. Conforme as influências astrológicas e a ação lunar, essa "eletrização" aumenta, diminui ou fica inativa nos duplos etéricos das plantas.

Em consequência, a colheita deve ser tão hábil e inteligente, que se possa aproveitar o máximo de energia "elétrica vegetal" contida na espécie desejada. Assim, quando o enfermo ou necessitado tem a sorte de adquirir ervas supercarregadas de seiva e potencial eletromagnético para fazer seus banhos de descarga ou terapêuticas, ele jamais deixa de obter bom proveito. Mas, se a colheita for efetuada sob o influxo astrológico e lunar negativo, não há dúvida, tais ervas não passam de inócuos "cadáveres vegetais".

Banhos de descarga

Trata se de um banho mais elaborado e não tão popular quanto o de sal grosso. Seu efeito é mais duradouro, embora não seja tão invasivo. Algumas ervas são dispersivas de fluidos e limpam a aura, desintegrando miasmas, larvas astrais e outras negatividades. Uma erva excelente para esse tipo de banho é a folha de tabaco e, na sua falta, usa-se o fumo de rolo macerado.

Banhos de descarrego

Esse tipo de banho talvez seja o mais conhecido. Tem como objetivo a descarga das energias negativas. Em nosso dia a dia, passamos por locais e trocamos energias com várias pessoas. Na coletividade, predominam os pensamentos pesados eivados de irritação e ansiedade. A egrégora que se forma nos locais de aglomeração humana favorece a criação de miasmas, larvas e vibriões astrais que, pouco a pouco, vão se aderindo aos transeuntes e se alimentando de seus fluidos vitais.

Mesmo em constante vigilância, a exposição diária a essa teia de pensamentos deletérios nos faz frágeis, o que torna impossível nos protegermos, dado que, em determinados momentos da rotina diária, nosso padrão mental cai e abrimos a guarda. Os banhos de descarga ajudam a nos livrarmos dessas energias negativas e, basicamente, são de dois tipos: banho de sal grosso e banho de descarrego com ervas.

Banho de energização

É realizado após os banhos de descarrego, restabelecendo o equilíbrio entre as cargas negativas e positivas dos átomos e das moléculas etéricas, componentes dos chacras. É recomendado em dias de trabalho mediúnico, especialmente nas sessões em que o médium se sente cansado após o término. Utiliza-se este banho independentemente de sermos médiuns ou não.

Indicamos um banho fácil de fazer e que pode ser tomado por qualquer pessoa, não causando nenhum mal-estar; pétalas de rosas brancas, amarelas ou vermelhas, alfazema e alecrim.

Banho de fixação

Tem finalidade mediúnica e é velado, fechado ao público, pois faz parte de rituais internos de magia, iniciação ou consagração. Este banho é feito por Orixás com as ervas astromagnéticas afins às suas sagradas energias e deve ser conduzido por quem é médium e sacerdote. Objetiva um contato límpido e profundo com os guias.

Os chacras vibram com similaridade vibratória com o Orixá do neófito que está sendo iniciado ou consagrado para o futuro sacerdócio dentro da Umbanda, tornando a sua mediunidade bem apurada para o ritual. Sendo as ervas manipuladas ligadas ao Orixá regente do médium e, por sua vez, aos guias que o assistem, são prescritas por genuínos chefes de terreiro, médiuns magistas e de incorporação, que obtém verdadeira e profunda cobertura espiritual de que entende do riscado: as Entidades Astrais da Umbanda.

Banho de sal grosso

Bastante utilizado e de fácil realização. Feito de sal grosso marinho, trata-se de um ótimo condutor elétrico que descarrega os íons dos átomos com excesso de cargas negativas (ionizados). Atua no duplo etérico, tirando as energias negativas por um processo de desmagnetização.

Os banhos não substituem a reforma íntima e as boas intenções da alma, que vêm de dentro para fora.

Os preceitos

Os preceitos são orientações e diretrizes que devem ser adotados por todos da corrente mediúnica. São realizados individualmente, conforme orientação particularizada de acordo com os fundamentos do terreiro, buscando a harmonia do trabalhador com seu Ori, Orixás, Guias e Falangeiros. Por vezes, podemos ficar desequilibrados com certas vibrações que nos envolvem, decorrência de motivos diversos, podendo ser emocionais, assédios, obsessões, entre tantos outros. Temos também os preceitos coletivos, como determinadas regras gerais litúrgicas; resguardo mediúnico, banhos, rezas e interdições. Não se trata de dogmas, mas de imposições comportamentais que exigem algumas posturas específicas, ações e abstenções voluntárias em benefício da positivação ou da negativação de energias e fluidos propiciatórios ao intercâmbio mediúnico.

Fundamentalmente, o preceito tem por objetivo manter equilibrado o fluxo de axé que passa pelos corpos mediadores e pelos chacras do medianeiro, adequadamente sintonizados com a sua coroa mediúnica, Orixás regentes, os Guias e os Falangeiros. Ele tem diversas finalidades, formas e funções: súplica, resguardo, interdição, limpeza energética, agradecimento, firmeza e consagração.

Os preceitos devem ser feitos de bom grado e de coração limpo, amoroso e rogativo ao Alto, numa postura de gratidão e receptividade. Se estivermos vibrando sentimentos negativos, o preceito pode ser inócuo, um mero placebo ritual.

Não vamos dar receitas de preceitos, mas somente elencar alguns procedimentos de uso comum: isenção de sexo, pelo menos 24 horas antes do início dos trabalhos mediúnicos. Nada temos contra o sexo em si, quando feito com amor. Ocorre que no intercurso sexual existe uma troca energética e os fluídos do parceiro podem interferir na sintonia com os Guias e Falangeiros.

Somos favoráveis ao vegetarianismo. Aos que ainda são carnívoros, recomendamos abstenção de ingestão de produto animal que dependeu do sacrifício do mesmo, inclusive peixes, no mínimo, a partir de 24 horas antes do trabalho mediúnico. Reforçada vigilância dos pensamentos nas 24 horas anteriores ao trabalho mediúnico (ódio, orgulho, inveja, vaidade).

As consagrações

O sentido de consagrar é tornar sagrado. A consagração é o rito que estabelece perante a comunidade terreiro que algo está se fazendo sagrado. Para nós, tudo o que tem dentro de um terreiro é sagrado, o próprio espaço físico e todos os seus objetos. Nesse sentido, a cada reunião, pelos usos e costumes ritualísticos e litúrgicos que se renovam, tudo no raio de ação da assembleia se faz sagrado. Assim, entendemos que o intercâmbio mediúnico é um ato sagrado.

Um médium, quando é consagrado, está reafirmando seus votos de inteira disposição para servir os Orixás e os Falangeiros. É uma demonstração de que alcançou um nível aceitável em seu desenvolvimento, importante para um bom trabalho espiritual. Temos vários níveis de consagração, e o mais popular é o amaci, que é um tipo de batismo e, ao mesmo tempo, uma ação consagradora com o Divino.

O culto aos Orixás e Falangeiros

Os Orixás são aspectos diferenciados de Deus. Deus é indiferenciado de tudo o mais no Cosmo. Para se fazer "presente" no infinito universal e nas diversas dimensões vibratórias subjacentes, Ele criou os Orixás, aspectos diferenciados d'Ele mesmo. Cada tipo de energia, fator ou raio que é um Orixá se expressa de muitas formas. Cada um dos espíritos regentes planetários tem, sob seu encargo, legiões e falanges de almas em diversos estágios de desenvolvimento consciencial.

Nesse caso, os Falangeiros não são os Orixás, mas espíritos que atuam enfeixados nas energias, nos fatores ou nos raios divinos e se confundem com essas particularidades divinas. Obviamente, essas entidades não incorporam no mediunismo terreno. São os senhores das essências básicas, das forças da natureza e os manifestadores dos fatores divinizados que determinam a governança cármica coletiva. Por desdobramento, cada espírito no mundo concreto, Plano Astral e Físico, manifesta em si, numa escala infinitesimal, todas essas ondas fatoriais energéticas chamadas Orixás. Dizia o Mestre Jesus "Vós sois deuses", referindo-se a elas e às potencialidades latentes de cada alma.

Viemos todos de uma fonte primeira e temos pulsantes em nós as suas capacidades. Para entendimento dessas energias, vibrações, ondas, fatores ou aspectos divinos pelas populações simples e com as mentes preenchidas com o dia a dia da sobrevivência, criaram-se os mitos com os Orixás humanizados. Desde milhares de anos as lendas se perpetuam.

Diversas religiões cultuam anjos, raios, devas e mestres. As religiões de matriz afro brasileira e a Umbanda, tendo influência africana, cultuam os Orixás. Os Orixás mitológicos não são espíritos individualizados, mas formas de culto, humanizadas, antropomorfas, para adoração e compreensão coletiva. Essas essências fatoriais ou vibratórias influenciam cada individualidade e podem se manifestar pelo transe anímico de possessão nos sensitivos quando ritualizadas em suas formas míticas humanizadas.

Assim como um oceano é indiferenciado em relação a si mesmo e um balde de água do mar de uma praia qualquer é diferenciado em relação a outras praias, mares e a este oceano que o originou, assim os Orixás são diferenciados entre si e de uma essência maior divina indiferenciada geradora, não tendo ligação e não sendo entidades espirituais individualizadas, tal qual o balde de água do mar não é uma baleia ou golfinho, embora eles nadem em suas profundezas.

Muitos poderão perguntar se o Orixá da nação é o mesmo da Umbanda. Não existe Orixá da nação aqui ou acolá. Orixá é Orixá. É universal. O que muda são as formas de culto e os elementos de rito utilizados, mas a vibração, a energia é única. Se seu espírito vibra com os Orixás, vibrará sempre, pois é afim à sua formação nesta encarnação.

Para se viver "harmoniosamente com o Orixá", não se é obrigado a ser iniciado em um culto específico, como se somente este tivesse a "posse" dos Orixás, muito menos a se fazer e participar de ritos sacrificiais de animais. Os Orixás, que são plena Luz, podem ser cultuados de outras formas, que respeitam o livre-arbítrio do indivíduo e a vida planetária.

Na Umbanda, de maneira geral, não existe nenhum conflito entre Orixá e Espírito Falangeiro. Cultuamos os Orixás, louvamos, cantamos e dançamos. Nesses momentos, temos manifestações anímicas, o que não quer dizer mistificação, relembrando e aflorando de nossos registros de memória profundos toda nossa ancestralidade africana e xamânica. Concomitante a isso, andando de mãos dadas, temos manifestações mediúnicas com estados alterados de consciências, em que espíritos se comunicam. Mudam-se alguns elementos de rito, de casa para casa, mas, de maneira geral, não se alteram fundamentos. No Espiritismo, dado a sua ortodoxia, a forma de culto exterior não será possível, mas nada impede que, no seu interior, essa ligação seja feita. A ausência de rito externo não impede a ligação com o Orixá, seja em que lugar for. Tenhamos sempre a bondade no coração, a vontade de servir nosso semelhante, incondicionalmente, e estaremos seguros.

Devemos procurar sempre e regularmente locais da natureza afim com o nosso Orixá de frente. Nesses locais, oremos, reflitamos e nos harmonizemos com a sua força divina.

Do ponto de vista da ecologia, uma comunidade é a totalidade dos organismos vivos que fazem parte do mesmo ecossistema e interagem entre si, correspondendo não apenas à reunião de indivíduos e à sua organização social, mas ao nível mais elevado de complexidade, como se fosse um organismo vivo autônomo. Então, uma comunidade possui fluxo contínuo de energia, diversidade de espécies e processos de sucessão.

Sob a perspectiva de religião, uma comunidade é um conjunto de pessoas que se organizam sob um mesmo axé, fluido e vibração, com a união de propósitos comuns direcionados a um mesmo "alvo" – local físico sagrado –, sob o influxo de um conjunto de normas conhecido, convivendo num espaço comum sacralizado, compartilhando de um mesmo legado cultural e histórico. Uma comunidade religiosa de Umbanda, como o Grupo de Umbanda Triângulo da Fraternidade, objetiva despertar no íntimo de cada indivíduo, potencialmente no seu corpo interno de médiuns trabalhadores, e de forma mais eletiva em sua assistência o sentimento de religiosidade, de religação com Deus, que se encontra no íntimo de cada consciência. Ao contrário do religiosismo, que aprisiona o ser no culto ao ego de líderes, a religião deve libertar, despertando a religiosidade, que é estado latente e em contínua germinação inerente a cada espírito imortal.

Assim, uma comunidade religiosa de Umbanda, é o espaço onde se propiciam as vivências com os Falangeiros e Orixás que só podem ocorrer em comunhão de pensamentos, numa união coletiva disciplinada e formadora da egrégora necessária para o intercâmbio mediúnico saudável, objetivando o bem comum da coletividade.

Infelizmente, hoje se nota a exacerbação do individualismo eivado de tentativas de se reduzir a significação dos grupos e dos templos religiosos em geral, notadamente os de Umbanda, banalizando-se os processos de iniciação espiritual e aviltando-se o tempo necessário, pois tudo é muito rápido: fundamentos são repassados à distância; fórmulas são ensinadas em fóruns virtuais de discussão; magias são receitadas como bolo caseiro; e tradição virou sinônimo de "saber" aprendido na frente do monitor em vez de absorvido e internalizado com a convivência na comunidade de axé, templo religioso, centro ou terreiro de Umbanda.

Resgatemos a mediunidade, o saber aprendido com os ancestrais, com as entidades espirituais que comparecem nos terreiros, fortaleçamos a pedagogia com os espíritos. Tenhamos convicção de que a tarefa caritativa aceita e praticada numa comunidade religiosa de Umbanda, numa casa de axé e com fundamento propicia aos seus membros crescimento espiritual. Valorizemos o sentimento de pertença, o tempo, os mais velhos, o saber vivenciado, a instrução repassada, o estudo em conjunto. Cultuemos os Orixás e Falangeiros sem termos que justificar nossa fé em outras religiões. Umbanda é Umbanda. Então, sejamos umbandistas, simples assim.

Conheça outras obras de Norberto Peixoto

Os orixás e os ciclos da vida
16x23 / 184 págs. / ISBN: 978-85-5527-037-6

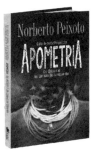

APOMETRIA – Os Orixás e as Linhas de Umbanda
16x23 / 168 págs. / ISBN: 978-85-5527-022-2

Encantos de Umbanda
16x23cm | 168 págs. | ISBN: 978-85-5527-027-7

Exu - O poder organizador do caos
16x23 / 168 págs. / ISBN: 978-85-5527-023-9

Umbanda pé no chão: estudos de Umbanda – Norberto Peixoto
16x23 / 208 págs. / ISBN: 978-85-5527-100-7

O Transe Ritual na Umbanda
16x23 / 152 págs. / ISBN: 978-85-5527-098-7

As Flores de Obaluaê - O Poder Curativo dos Orixás
16x23 / 172 págs. / ISBN: 978-85-5527-065-9

Acesse www.legiaopublicacoes.com.br e adquira já seu exemplar

Trilogia
REGISTROS DA UMBANDA

Iniciando na Umbanda - A psicologia dos Orixás e dos Cristais
16x23 / 144 págs. / ISBN: 978-85-5527-046-8

Cartilha do Médium Umbandista
16x23 / 168 págs. / ISBN: 978-85-5527-049-9

A Umbanda é de todos - Manual do chefe de terreiro
16x23 / 152 págs. / ISBN: 978-85-5527-052-9

Acesse www.legiaopublicacoes.com.br e adquira já seu exemplar